自由市场经济发展和货币流动理论

——货币旋转理论的研究

陈传礼 著

中国财经出版传媒集团
中国财政经济出版社

图书在版编目（CIP）数据

自由市场经济发展和货币流动理论：货币旋转理论的研究／陈传礼著．－－北京：中国财政经济出版社，2020.9

ISBN 978－7－5095－9995－2

Ⅰ.①自… Ⅱ.①陈… Ⅲ.①自由市场－市场经济学－研究②货币流通 Ⅳ.①F014.3②F820.4

中国版本图书馆 CIP 数据核字（2020）第 169043 号

责任编辑：蔡　宾　　　　　　责任校对：李　丽
封面设计：陈宇琰

中国财政经济出版社 出版

URL：http：//www.cfeph.cn
E－mail：cfeph@cfeph.cn

（版权所有　翻印必究）

社址：北京市海淀区阜成路甲 28 号　邮政编码：100142
营销中心电话：010－88191522　编辑中心电话：010－88190666
天猫网店：中国财政经济出版社旗舰店
网址：https：//zgczjjcbs.tmall.com
北京财经印刷厂印刷　各地新华书店经销
成品尺寸：175mm×240mm　16 开　12 印张　183 000 字
2020 年 12 月第 1 版　2020 年 12 月北京第 1 次印刷
定价：40.00 元
ISBN 978－7－5095－9995－2
（图书出现印装问题，本社负责调换，电话：010－88190548）
本社质量投诉电话：010－88190744
打击盗版举报热线：010－88191661　QQ：2242791300

此书献给我的父母

陈艳华和刘爱华

感谢你们在我成长的道路上给予的支持和鼓励!

前　言

我撰写本书的目的并不是想创作一本教科书或是叙述经济学历史，此书旨在创建一个新的经济学说或是新的理论体系。它不同于凯恩斯经济学、马克思经济学、马歇尔经济学和熊彼特经济学。所以，这将会是一个不同于新古典经济学的理论体系。

如果读者试图以上述各位经济学家的理论或新古典经济学的视角来看待这套理论体系，也许会有点失望，因为本书读起来难以理解甚至有些怪诞。某些观点与传统经济学教科书中的概念会有矛盾。如果你不喜欢此类风格，可以放下此书转而研读上述经济学家的书或是当前流行的经济学教科书。但如果你想继续阅读，我必须提醒的是，如果想要理解本书的理念，你需要摒弃传统的经济学概念或是学会批判性地看待。与此同时，保持一种开放接受新理论和新思想的心态是最好不过的了。那么，就请准备好从本书获得一些全新的东西吧，特别是一个针对自由市场的新视角。

经济学从起源至今已有200余年。第一位经济学大师是亚当·斯密，他生活在人们对自由市场一无所知的时代。在强烈的好奇心驱使下，亚当·斯密开始钻研关于交换的法则和人类的经济市场。自此之后，经济学开始发展起来，并由此衍生出各种学派。从政治经济学的古典学派到新古典经济学，从凯恩斯到货币学派，从新制度经济学到公共选择理论，经济学的分支派系众多。新近变得愈发流行的行为经济学，它结合了传统经济学和心理学理论。从威廉·配第时代到亚当·斯密时代，亚当·斯密首先独创了解释经济世界的理论，再到马歇尔时代，这段时期被称为政治经济学古典学派时代。从马歇尔时代开始，经历了凯恩斯时代，经济学得到长足的发展，进入新古典经济学时期，这也是现代经济学主流学派的开端。

自由市场经济发展和货币流动理论
——货币旋转理论的研究

经济学是一门重要的社会科学，专门研究人类商业活动以及财富的法则。从微观层面来说，经济学教导人们如何致富，从宏观层面来说，可思考国家如何致富。经济学讨论了例如价值、交换、贸易和其他许多人类商业活动，还探讨了比如政府和自由市场之间的关系。我们必须承认，经济学很重要且不容被忽视。

杰出的经济学家思想有着巨大的力量。作为本书的作者，我也曾涉猎法律和心理学领域。对比其他社会科学，如法律和心理学，个人而言经济学更有吸引力，它的关注点更有趣，我觉得这就是那么多人投身于研究经济学的原因。相较于心理学，经济学更直观。心理学研究的是人类的大脑和他们的感觉。经济学不仅仅包括这些方面，还讨论了人类的感觉如何影响着市场。法律寻求公平，经济学也是，它在竞争性市场中试图寻求公平。另外，社会科学更加主观，这意味着它跟自然科学有很大的不同。经济学家很难做精确的实验，甚至有时连精确的预测也无法给出。心理学家如弗洛伊德，人们无法证实他提出的理论，但我们不能否认他是伟大的。一个科学家在社会科学领域建立一套理论体系，如果这套理论体系能转变人们的思考方式，那么他就是伟大的，并且是一名伟大的思想家。很多人抱怨经济学家往往会作出错误的预测，但物理学家难道就不会这样吗？当牛顿第一次发现光的粒子性时，他找到永恒的真理了吗？事实上，人们总是慢慢地了解这个真实的世界，一步一步地探索自然和人类社会。所以也许永远都不会有永恒的真理，因为探索永无止境。如果光粒子理论就是真理的话，那么为什么托马斯·杨还要建立光的波动学说呢？以及之后的阿尔伯特·爱因斯坦为什么还要建立光的波粒二象性理论？如果牛顿一开始就用托马斯·杨的实验去验证他的理论会怎么样？很明显，这将会证明他的预测不正确。那么我们能断定牛顿的发现就是错的吗？不，我们只能说牛顿找到的是真理的一部分，但是尚未寻得它的全貌。这也适用于卡尔·马克思、凯恩斯、马歇尔和其他许多杰出的经济学家，弗洛伊德和很多心理学家也不例外。

目前已有很多经济学理论面世，众多优秀的经济学家都建立了他们自己的分析模式，这些理论丰富了经济学世界。作者本人，作为一名曾经在美国研读数据科学的硕士生，运用人工智能和大数据的思维模式建立了一个全新

前　言

的经济理论体系。为此，我撰写了此书。接下来，请读者继续往下读，来探究这个全新的理论吧！

在这里特别感谢张梦雅曾经给予的帮助，以及周力在理论传播上给予的帮助，以及张凡在本书最关键的图片成型上给予的帮助。另外特别感谢中国财政经济出版社的知遇之恩，同意本书的出版和发行。感谢中国财政经济出版社在出版过程中给予的帮助和支持！最后感谢在我人生道路上所有曾经帮助和支持过我的人！

作者

2020 年 6 月

目 录

第一章　货币旋转理论 …………………………………………… 1

第二章　供求关系论 ……………………………………………… 19

第三章　价格理论 ………………………………………………… 34

第四章　薪酬理论 ………………………………………………… 60

第五章　雇佣理论 ………………………………………………… 70

第六章　利率理论 ………………………………………………… 85

第七章　倍数效应论 ……………………………………………… 99

第八章　经济波动论 ……………………………………………… 112

第九章　经济危机论 ……………………………………………… 124

第十章　国际贸易理论 …………………………………………… 143

专题　日本如何失去 10 年 ……………………………………… 157

第十一章　经济调控政策及案例分析 …………………………… 162

  财政政策 ……………………………………………………… 162

  货币政策 ……………………………………………………… 164

  国家控股企业（国企）调控政策 …………………………… 166

  实际案例分析与应用 ………………………………………… 171

第十二章　终章 …………………………………………………… 181

第一章
货币旋转理论

经济学的诞生至今已近200年，其研究的问题主要聚焦于人类社会的商务现象。经济学是一门社会科学，研究的议题几乎涉及现代社会的所有方面，小到个人之间的商务往来，大到聚焦于国家致富或如何设置税率等。在现代社会，经济学涉及的议题有成本、利息、商业、金融，甚至法律和人的心理等。经济往往会受到人们不同的动机和想法影响，因此经济学也成为一门特别复杂的社会科学。因为人们的决策非常难以预测，而且真实世界里总是有各种"意外"会发生，从而影响到我们的预测结果。所以，一套经济理论要预测这个世界上发生的所有意外事件是一件非常难的事情。很多人会抱怨经济学家不能预测事件的发生，但真相是人类行为难以预测。如果人们的疯狂行径能预先被定义或变得理性，那么我相信经济学家在预测事件上会有更多的把握。另外，经济学又像一门自然学科，它运用数学模型甚至很多数学公式来演示说明。当然，多数模型在解释现实世界的诸多问题时是毫无用处的。最伟大的经济学家，如亚当·斯密、大卫·李嘉图、卡尔·马克思、凯恩斯、马歇尔和哈耶克等，都各自建立了他们的模型和理论。绝大多数的理论都有其巧妙的逻辑，能成功解释某些现象但对其他一些现象则束手无策。而大多数理论在其特定时代能适用于一些现象，但在时代发展之后就解释不通了。所以在社会科学中，永恒的真理也许是不存在的。时代在变化，社会上不断地出现创新的事物，经济理论也一直需要变化，来适应这个充满变化的世界。这种变化在物理学中也是适用的，牛顿定律能在诸多领域成立的条

自由市场经济发展和货币流动理论
——货币旋转理论的研究

件是我们所处的世界是一个低速运动的宏观世界。如果我们所处的世界加速至光速，或者这个世界是量子世界，那么牛顿定律的绝大部分将毫无用处。这个世界总是在发展的，所以经济学家也总是在发展经济学和他们的理论。

伟大的经济学家全都试图从他们自己的视角和观点去描述这个世界与人类社会，他们也许会赞同或反对其他经济学家对某些议题的观点。对于公众来说，很难去决断谁的理论更胜一筹，因为它们都有可能在某些情况下有效而在其他情况下失效，但有一点是很明确的，那就是从来没有一种理论可以描述和解释一切经济现象。这个世界太大了，人类社会又如此复杂，有不尽其数的秘密还等着我们去探索与发现。另外，随着时代发展，现代社会与自由市场发生了很多变化，产生了很多新要素。在大卫·李嘉图生活的时代，市场理论才刚刚诞生，那时并没有所谓的货币政策和财政政策。在那个时代，也同样没有互联网和诸多新发明。经济学理论必须与时俱进，跟上社会发展的步伐。这个任务便交到了经济学家的手上。经济学家是一个特殊的群体，他们来自不同领域、不同国家，从事不同职业，说着不同的语言。亚当·斯密曾是一名教授，也同时是一个哲学家。他不只是因为他的经济学研究而闻名于世，也因为他的哲学著作《道德情操论》。大卫·李嘉图是一个成功的商人，他在金融市场上赚取了大笔财富，而且在他年纪尚轻时就已经经商成功。大卫·李嘉图虽然没有完成高等教育，却在学术研究上非常有天分。他建立了一套相当出色的理论，探讨租金、地主与普通商人之间的关系。李嘉图的才华还使他同时涉及其他好多领域，如辩论等。约翰·梅纳德·凯恩斯就更不用说了，他是个全才，可以同一时间做好多完全不相关的事情，如同一个多核处理器。约瑟夫·熊彼特出身贵族，因其创新的理论而闻名。他将下半生都投身于经济史撰写。我认为描述经济学家这一群体是非常有难度的，如果有，也许就像精于华丽散文和各种描写的凯恩斯本人，在他的《就业、利息和货币通论》中所说的那句话：

"经济学研究看起来不需要什么特别的天赋。从需要的智力上来说，与更高阶的哲学或纯科学来说，似乎也是一门特别简单的学科。那么，一个如此简单的学科，杰出者却甚少！这个矛盾有它自己的解说，也许，成为经济学大师的人都必须集某些天赋于一身。他必须是数学家、历史学家、政治学家、哲学家——在某种程度上。他必须熟悉符号并用语言来叙述。他必须深思熟虑，尤其是概括一

第一章　货币旋转理论

些抽象的概念并将天马行空的思想具体思考并阐述出来。他必须根据过去的经验、为了未来的目标而学习当下。人类的本性及其组成的组织没有能逃过他的思索范畴。他必须意志坚定且不偏不倚，还需拥有两种平行特质：像艺术家一样疏离与不易腐蚀，而有时又要像政治家一样关注现实。"①

从这里开始，我将描述一个全新的经济学理论，这是从一个不同于新古典经济学派，用全新的视角来看待整个经济世界的体系，而前者在解释这个真实世界时是存在偏差的。新古典经济学是由阿尔弗雷德·马歇尔创立的。马歇尔生活在100多年前的英国，是一名剑桥的教员，并因其均衡价格理论和其出版的经济学教科书《经济学原理》而闻名于世。新古典经济学从此发展，经历了100多年。在这期间，拥护新古典经济学的人们贡献了他们的创新观点，但是也没能跳出其理论框架，特别是均衡的概念。无法跳出这个桎梏便无法实现对现代经济社会的解释。例如，新古典经济学没能预测到2008年的经济危机，没能提前预防经济陷入危机的泥沼，也没能在危机来临之际给出有效的政策建议。虽然仍有很多人视新古典经济学为权威，就像在相对论于1905年面世前的物理学家们那样。新古典经济学在解释真实世界时存在着诸多疏漏。

在本书中，我试图建立一个全新的经济学理论，它将是独立于新古典经济学的。而正是为了建立一个完完全全独立于最初的经济学理论的全新理论，所以当我需要借用新古典经济学中的概念时，我会在书中直接引用，以帮助读者更好地理解原本的观点，且放在方框中注明。通过这种方式，可以更容易地将我的观点与传统观点区分开。我的观点主要是对传统的新古典经济学的探讨，也是我的理论和观点的组成部分。同样，评论部分也是我对传统经济学的一些看法和想法。另外，如果想要理解全书观点，读者最好对现代宏观经济学和微观经济学有一个基本概念，特别是其中的一些思想。以下这些思想在我后文的论述中都是特别重要的，例如"看不见的手"、自由市场、节约悖论、萨伊定律及乘数等。特别是诸如亚当·斯密、大卫·李嘉图、卡尔·马克思、凯恩斯和马歇尔等经济学家的思想，其中对我影响最大的就是凯恩斯。如果能明白他在《通论》中的观点，那对理解我在本书中阐述的理论来说非常重要。尽管如此，我的理论完全独立于凯恩斯的理论体系，我只是引用了他的某些观点，借此创造了我自己的理论。不

---

① 《就业、利息和货币通论》，约翰·梅纳德·凯恩斯著。

自由市场经济发展和货币流动理论
——货币旋转理论的研究

容否认的是，凯恩斯绝对是一位伟大的经济学家，就个人而言，他绝对可以说是20世纪最伟大的经济学家。马歇尔也是很杰出的经济学家，但是他未能创造更多属于他自己的理论。马歇尔从物理学中借用了一些观点，使得他的经济学理论有些偏离真实世界。凯恩斯则不同，他发明了很多新概念，并设计了实用的工具来拯救经济危机中的社会。

在这里，我简要说明一下经济学作为一门学科的历史以及一些经济学思维。经济学最早是由亚当·斯密创立的，他当时还是一位在苏格兰工作的学者，被后世公认为"经济学之父"。在那个时代，还几乎没有任何经济学的概念。亚当·斯密是历史上创立成体系的理论以及使经济学成为一门社会学科的第一人。从那以后，一切商业活动有了理论指导。

1776年，亚当·斯密写了一本名叫《国富论》的书。在此书中，亚当·斯密主要探讨了如何使国家致富和如何推动生产力的发展等问题。为了解释经济领域的一些现象，他提出了一些独特的概念，其中最有名的就是"看不见的手"，这个概念对后世的影响非常大。在《国富论》中，亚当·斯密称，在自由市场中存在着一只"看不见的手"，在每个参与者追求他或她的私利的过程中，就好像这只"看不见的手"，在指导着整个经济过程，促进整个社会自发地繁荣。这是一个自发的完美机制，使得市场给所有参与者带来利益。正如下文他所描述的那样：

"一般来说，他并不企图增进公共福利，也不清楚增进的公共福利有多少，他指导某种工业使其产品能具有最大的价值，他所追求的仅仅是他个人的安乐，个人的利益，但当他这样做的时候，就会有一只看不见的手引导他去达到另一个目标，而这个目标绝不是他所追求的东西。由于追逐他个人的利益，经常促进了社会利益，其效果比他真正想促进社会效益时所得到的效果大。"①

但是亚当·斯密并没有指出，这只"看不见的手"到底是什么，他只是说自由市场的背后有一只"看不见的手"。他给世界留下了一个谜团，等待着后世的经济学家去解开。从那以后，经济学家们一直在寻找一种与"看不见的手"理论相符合的机制。他们尝试创立与"经济学之父"观点相一致的理论。除此之外，亚当·斯密还探讨了其他议题，类似劳动分工和自由贸易。那时的亚当·

---

① 《国富论》，亚当·斯密著。

第一章　货币旋转理论

斯密相信自由市场不存在任何缺点。

在亚当·斯密的时代，生产力仍比较低下，生产出来的商品售卖毫不费力。所以也难怪亚当·斯密对其理论和自由市场的内在机制如此自信，也许他从未想到会有生产力过剩的一天。他为其自由市场的理论呐喊并且游说政府官员们不要干预任何经济活动。在亚当·斯密去世后，很多经济学家仍然坚信自由市场是完美的，他们试图建造各种模型来描述自由市场的完美机制，还发明了均衡价格理论，并认为此价格是由自由市场内在机制形成的。新古典经济学也就此产生了，人们用漂亮的模型和优秀的论文支持、论述其观点。然而，1929年的来临改变了整个世界以及对自由市场的看法。在美国，股价一夜之间从顶峰跌入深渊，美国也由此进入了经济大萧条时期。紧接着，经济危机从美国迅速蔓延至欧洲、日本乃至全世界。这次危机对亚当·斯密的理论地位造成了极大的冲击。在那之后，虽然还有许多经济学家想去拯救传统理论，但英国经济学家凯恩斯提出了"看得见的手"理论，强调市场并非完美无缺，同时市场应该处于政府的管控下，否则自由市场将周期性地发生经济危机。从那以后，这两派之间关于国家经济应该由政府管控还是应放任自由的争论持续了将近一百年，其中最有名的就是在凯恩斯和哈耶克的"世纪之战"。凯恩斯是个天才，他不仅仅是个伟大的经济学家，还在众多领域拥有出色的才华。他最有名的著作之一——《就业、利息和货币通论》已然成为现代经济学的圣经。在这本书里，他建立了现代宏观经济学的基本模型并解释了其原理，而且提供了许多杰出的观点。他认为经济思想家的思想比普通执政者的权力拥有更强大的力量。他的有句名言是这样说的：

"经济学家和政治哲学家的思想，不论它们是在对的时候还是在错的时候，其力量之大，往往出乎常人意料。的确，世界就是由这些思想统治着。许多实行家自以为不受任何理论的影响，其实他们往往当了某个已故的经济学家的俘虏。狂人当权，自以为得天启示，实际上他们狂乱的想法也多半是来自若干年前某个学界拙劣学者的作品。……但是，不论早晚，不论好坏，危险的东西不是既得权益，而是思想。"①

但凯恩斯的思想也不是完美无缺的。他的理论未能通过美国20世纪70~80年代滞胀时期的检验。因此，经济学科仍需更多的新思想和新观点，这就是我在

---

① 《就业、利息和货币通论》，约翰·梅纳德·凯恩斯著。

自由市场经济发展和货币流动理论
——货币旋转理论的研究

本书中努力想做的。然而，尽管凯恩斯的理论不甚完美，但不可否认的是他给经济学科作出了巨大的贡献：他引入了很多出色的想法并设计了漂亮的机制帮助世界脱离经济大萧条的泥沼。不过，我认为现代宏观经济学在凯恩斯原始的理论上修改了太多，似乎搞错方向而步入了歧途。

为了开始我们的讨论以及探究自由市场的本质，我们必须在开始前首先忽视一些现代市场的创新事物，比如股票市场、货币政策、财政政策、货币供给以及银行，这样我们才能除去干扰因素，并直面19世纪欧洲原始的自由市场所产生的经济现象的原因。早期的自由市场同样也经历了经济波动和经济危机，在引入市场创新如股市时，问题会变得复杂很多。所以我们有必要忽略这些因素而先去探究十九世纪自由市场的发展规律。然后我会在本书的后面逐步引进其他的因素并探讨它们给自由市场带来的影响。

在本书中，我会主要聚焦于市场中的资金流动。在自由市场中，资金几乎会流向任何地方：它可以从你的手中流向快餐车的老板，或从快餐车的老板流向卖牛肉的肉贩。这个资金流向可以包含好多参与方。那这个资金流中有什么共同点吗？当然有。图1-1是一个资金流向的简易说明图，说明了资金在市场中的流通和循环。从图中我们可以看出，当个人花费了钱，这些钱款都会转换成某个行业的利润。在此有一点需要澄清的是，个人既可以是职工也可以是企业家，在此图中是一体的。然后该行业付薪水给职工和企业家，个人拿到薪水后将它们再次用于消费。所以在这整个过程中形成了资金的循环，资金在这个环路中持续地流动。接着我们就可以找到它们的共同点了，那就是，资金不间断地从市场消费者到生产者再从生产者到消费者，永无止境。

在继续我们的讨论前，必须再澄清一些可能会引起读者困惑的情形。通过分析行业的收入，我们知道行业赚取的所有收入可以分成三个部分——生产商品的成本，付给业内职工的薪水和企业家们赚取的利润。考虑到实际上企业家会和职工一样把钱用于消费，我们在本书的讨论中就把企业家视为普通的个人。他们是一类特殊的职员，但因为我们将主要注意力集中于他们的消费上面，所以在这里也将企业家视为职工。记住这一点，在本书中，我们聚焦的是资金流向。

有时候资金会从一个行业流向另一个行业。比如说，当一个家具厂从锯木厂买木材，资金从家具厂流向锯木厂的过程类似于资金从职员流向行业。另外，当

第一章 货币旋转理论

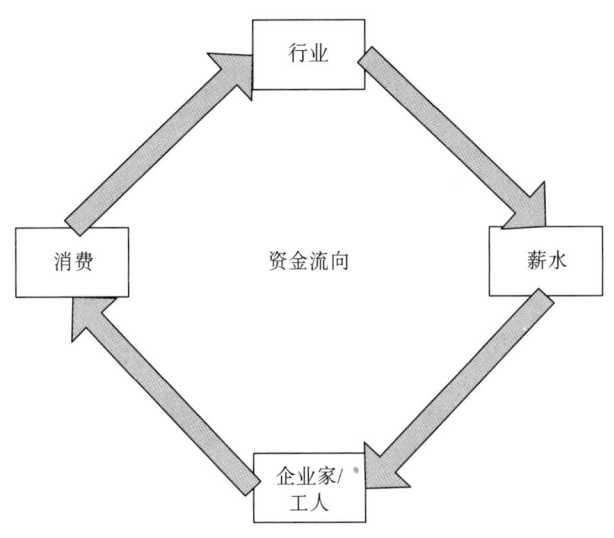

图 1-1 市场中的资金流

锯木厂获得收入,它将给予它的职员以及企业家以薪水和利润,接着这些职员和企业家会从家具厂买家具。所以资金回流,形成一个新的循环。为了简化这一过程,我们可以将家具厂当作一个买木材的普通个人,把锯木厂看成卖木材的行业。所以,当公司买材料并用于制造其产品时,我们把它视为普通消费者或普通工人,把生产上述材料的公司视为普通厂家或生产者。市场便是无数这样的资金循环而成的综合。以上的讨论可以用图 1-2 来展示。

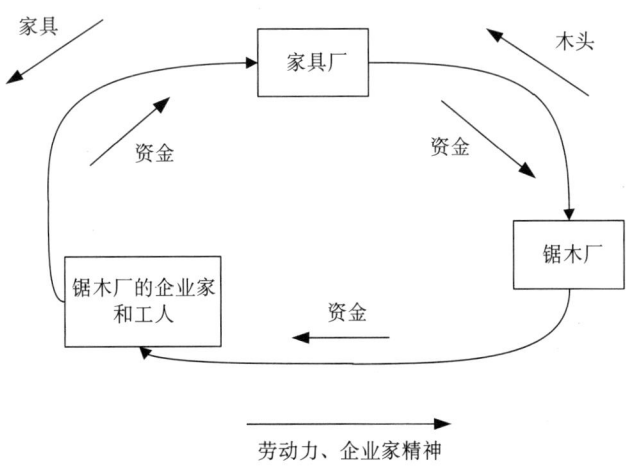

图 1-2 在公司对公司业务中的资金流

结束了我们对资金流的整体概述，我们可以将资金流展开变成一个横向的流向图。每一次资金流出，我们将其视为一个过程并记录下来，借此可以追踪市场上的资金流动过程并获得展示图，如图1-3所示。记住这一点，资金会从一方流向另一方，再从另一方流向第三方，这是一个永无止境的循环。

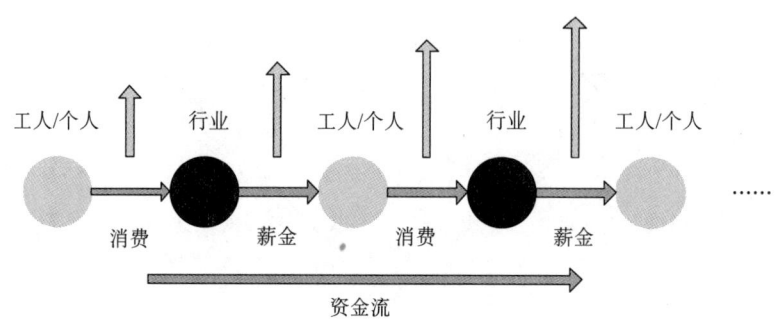

图1-3 资金流的横向视图

在真实世界中有人富有，有人贫困。在这里，我会对富裕和贫穷的概念做一个定义区分，这对我们之后的讨论也很有帮助。

本书中，界定一个人是富裕的，则表明他在单位时间内能赚取大量的金钱；而界定一个人是贫穷的，那么他在单位时间内几乎赚不到什么钱。假设在社会中，有钱的人（或行业）普遍倾向于多花钱，没有钱的人（或行业）普遍倾向于不花钱。

在说明这些区别之后，我们可以回过头来重新看图1-1。从图中可以很明显地得出一个结论：当个人的消费增加，行业的利润也会增加，从而付给职工的薪水（包括企业家的收入）也会增加（还有一种可能，行业会雇佣更多的员工），也就意味着个人变得更加有钱而他们的消费水平也会随之提高。同样地，如果个人的消费水平下降，行业利润减少，付给职工的薪水也会跟着减少（或是行业会开始裁员），那么个人就会变穷，他们的消费也就更少了。

当个人花钱时，花得越多行业能获得的收入也就越多。极端地来说，就算个人层面有花光钱的风险，但是社会和整个行业获得了最大的收益。当企业支付薪金给个人时，付得越多，个人能花的钱也就越多，这样能最大化个人和社会的利益。

这个讨论表明了一个经济学上的规律——节约悖论。英国经济学家凯恩斯在

第一章 货币旋转理论

他的《就业、利息和货币通论》一书中阐述了节约悖论。凯恩斯提出，如果国民增加储蓄、减少消费，国家的经济将会衰退；反之，如果国民尽可能地增加消费，国家就会繁荣起来。高消费能提升就业率促进国家更富有。然而，这个观点并不是凯恩斯的原创，而是在伯纳德·曼德维尔的著作《蜜蜂的寓言》中首先被提出来的。

所以我们可以得出这样的结论：如果一个社会想要变得富裕，每个人需要消费更多来最大化行业的收益，同时行业也应该支付更多的薪水来使得个人有足够的钱用来消费，从而使这个循环继续下去。这看起来是个相当正面的反馈。

接着，我会为本书的理论建立一个基本的理论模型。在这里我会用到亚当·斯密提出的一些观点。因为这是本书的第一章节，建立这样一个模型对我们之后的深入探讨是非常必要的。我们的讨论会围绕这个基本模型展开，这个模型甚至可以说是整本书的基础。

这里讲的"看不见的手"被定义为个人的需求或意愿，用大写字母 P 表示。我并不认同新古典经济学里的价格机制是"看不见的手"（我会在第三章里重点阐述我的价格理论，此处可以暂时忽略）。在新古典经济学理论体系中，存在一个均衡价格的机制，即相信市场会自动调节价格使之达到均衡的静止状态。所以整个经济体就像一个静止的机器，无论何时当一个因素扰动了这种静止状态，这个机制就会重新自动使经济市场恢复到这个状态。

自由市场内的资金流动，一只"手"是不够的，在我的理论中，存在着两只"手"：一只是供给层面的"看不见的手"，代表着个人对资金方面的需要和欲求，用 PM 来表示；第二是需求层面的"看不见的手"，代表着个人对商品和服务的需要或欲求，用 PA 来表示。

现在我们有了两只"手"，这个市场引擎有了足够的动力使资金流动起来。以下的系列图示（图1-4、图1-5、图1-6、图1-7）能展示资金是如何在市场内由"看不见的手"驱使而流动起来的。

图1-4描绘了资金在人们需要金钱的时候是如何流动的。资金在行业内部，促使企业雇佣人们来生产商品和服务。在人们想要赚钱这一欲望的影响下，资金从行业流向个人。

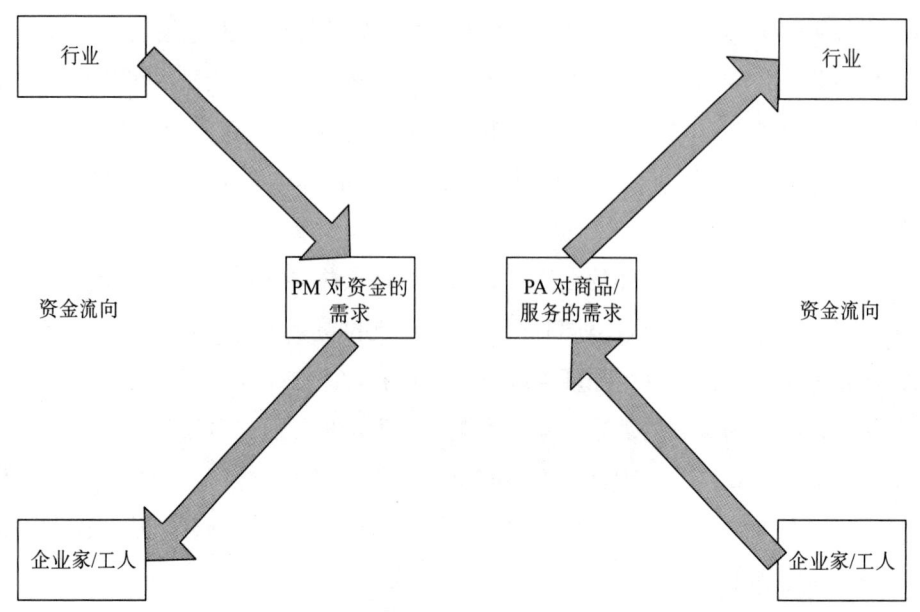

图1-4 "看不见的手"PM层面的资金流　　图1-5 "看不见的手"PA层面的资金流

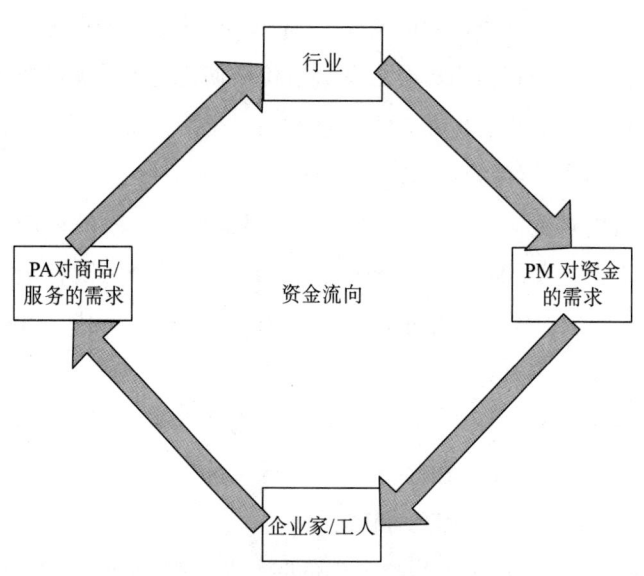

图1-6 在"看不见的手"影响下的资金流

图1-5表明了资金在人们消费行为发生时是如何流动的。个人持有资金并期望满足他们对商品和服务的需求,所以他们就用钱购买商品和服务。在这个欲

第一章 货币旋转理论

求下，资金从个人的手中流向行业。那么，我们便可以得出结论：

资金在自由市场内部是不停旋转流动的。

根据图1-6，我们可以知道在供给层面"看不见的手"，即个人对资金的需求——PM的影响下，个人将自己投身于行业生产活动和各种相关工作，他们形成了供给力，或者说成为生产者。在需求层面的"看不见的手"，即个人对商品和服务的需求——PA的影响下，个人支付资金给行业以获取商品和服务，他们形成了需求力，或者可以说成为消费者。

在PM的影响下，资金从行业流向个人，这个过程也使得雇佣和生产得以持续下去。

在PA的影响下，资金从个人流向行业，所以行业获取收入，同时商品和服务流向个人。

这个过程非常像一个巨轮，这个巨轮不断地旋转，这是因为资金在轮子内部旋转流动引发的。由此可以发现一点，如果我们把整个经济世界视为一个巨轮，那么我们可以搞清楚好多我们不曾理解或以往难以解释的现象。比如，当把经济体视为一个巨轮时，那么经济发展速度为何有时会加快、有时保持匀速、有时又会减缓甚至停滞，这些就会变得易于解释。当资金旋转变快时，经济的齿轮也转得更快；当资金旋转处于固定的速率时，经济齿轮也就保持匀速转动；当资金旋转越来越慢，那么经济齿轮转动就会减慢速度。

PA（需求面"看不见的手"，即个人对商品和服务的需求）和PM（供给面"看不见的手"，个人对资金的需要）就像经济的两个引擎。PA决定了资金从消费者流向行业，PM决定了资金从行业流向消费者，它们共同决定了资金在自由市场内部的流转。在这两个引擎下，经济的巨轮得以转动，资金在经济系统内部不停旋转。

接下来便是本书的主题。

**PA和PM就像经济的两个引擎，其他所有因素都是通过影响这两个方面而对经济产生影响。PA决定了从个人流向行业的资金的流量和速度，而PM决定了从行业到个人的资金流量和流速。它们共同作用决定了在这个社会体中的资金流速或这个社会能有多富裕。在这两个引擎的作用下，经济巨轮转动起来，而巨轮转得越快，这个社会富裕程度就越高。如果这个经济巨轮不再转动，则意味着

经济危机就会来临（见图1-7）。

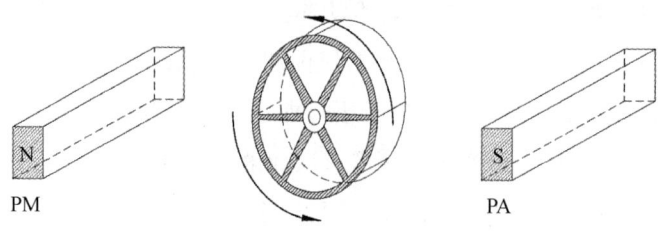

图1-7　PA引擎和PM引擎

接下来要说的是人们的收入和其消费行为之间的关系。很显然，收入会影响人们的消费行为。就像我之前说的那样，在一个社会中，富裕程度高的人们（行业）倾向于花钱，而富裕程度低的人们（行业）倾向于不花钱或少花钱。我会将这个观点扩展到更普遍的情况，在这里我将引入新古典经济学中的概念来作个比较。

在现代经济学中有一个著名的原则，称为边际原则。这个原则提出人们在每次进行消费行为前都会仔细比较其消费行为给他/她带来的最大效用。他/她还会比较是哪种产品带来的最大效用更多，某种消费行为是否有必要等，进而会决定其消费行为。但这往往并不代表所有情况。

为了继续我们的讨论，我们需要对边际原则有一个基本的了解。边际原则一般的应用有边际成本和边际效用[①]，这里我们单讨论边际效用。在现代各种主流微观经济学教材中，边际效用一般被定义为每一单位新增的商品或者服务给消费者带来的效用或者需求的满足，效用一般被定义为个人需求被满足程度的度量。边际原则是现代微观经济学的基本原理，以边际分析来获得个人效用最大化。也就是说，消费者在进行消费决策时，他或者她会比较每一步消费选择给他或者她带来的需求的满足程度，进而选择会给他或者她带来最大效用的消费行为。

马歇尔在其经济学教科书《经济学原理》中详细讨论了边际效用在个人消费决策方面的应用。马歇尔也讨论了与行业领域相关的边际原则，他将这个理论应用于评判公司的行为，读者可以从马歇尔本人的著作中获得更多与边际原则相关的内容。接下来我们继续本书的论述。

---

① 关于此原理，可以参考马歇尔《经济学原理》。

第一章　货币旋转理论

在真实世界中，边际效用确实在某些领域是存在的，但是否总是如此呢？

我们很容易观察到的一点是，当一个人非常有钱的时候，他在决定花钱买东西之前并不会去比较不同的商品。他在选择商品时轻松而无畏，甚至有可能想都不想就买了，仅仅是因为当下他想要。他不会像马歇尔描述的边际原则那样去思考或行动，因为他不需要。不过也有一些例外，一些富人的生活也非常俭朴，比如前纽约市长迈克尔·布隆伯格，他拥有上亿元美元的资产，却仍穿着最平常不过的衣服①。尽管如此，我们在这里讨论的是普遍情况，那就是，一般富人在花钱时会更加从容，不需要去计算每件商品的边际效用。所以我们会发现边际效用原则并不是在任何时候都成立。

那么反过来，如果一个人没有足够的钱，会怎么样呢？因为他有着刚性需求，首先必须满足自己的刚性需求。他的钱仅能用来支付满足基本生活的商品，除此之外用以满足其他精神享受的商品他就很难支付得起了。无论买什么东西，他都会先计算一下需要花销多少，就像边际原则所说的那样。因为不富裕的关系，他会比较是哪种商品能带给他最大的效用，他的钱需要发挥其最大值。他会努力使自己获得最大的效用。

有另外一种情况，如果一个人没有任何收入也没有存款怎么办呢？如果要满足他的基本需要，他就需要找份工作来赚钱或是借点钱。那如果他找不到工作或是借不到钱呢？那么有一件事是确定的，就是他没法花钱，甚至不可能去实践边际原则，他没机会来比较不同的选择。这也是马歇尔效用论不能应用的场景，因为一个人根本不会产生消费行为。

同样地，公司也是如此。如果一个公司有很多钱，它的消费行为就会相当任性。比如这个公司可以购买它想要的任何公司，能提供给它的职员非常好的福利和高薪，也可以雇佣更多的员工。在这里我们讨论的还是最普遍的情况，因为很有可能一个有钱的公司也会在作出购买决策前考虑再三。但是通常情况下，绝大多数有钱的公司都会随意地花钱。它们不会像边际效用所说的那样，比较每种选择再决定哪个选择给他们带来了最大的边际效用。

一些面临着激烈竞争的公司，它们用收入和存款维持其日常运作。在绝大多数情况下，它们会比有钱的大公司花费少很多，它们在雇佣新员工时会计算成

---

① 《纽约市长迈克尔·布隆伯格谈俭朴穿鞋》，Rich Lamb 报道。

本，并试图在生产新产品时也尽量削减成本。在开始任何新项目之前，它们都要评估非常久再作出决定。大多数这种类型的公司会像马歇尔说的那样，比较不同选择的边际收益并作出决策组合，以使自己获得最大化的效益。

还有一些公司濒临破产，背负高额的债务，甚至付不出给员工们的工资，也无法花钱，它们没机会履行马歇尔所说的边际效用原则。它们甚至没法去比较各种选择，因为其财务状况可能只允许支持它们完成一项计划而不是任何一个项目。通常这类公司最后会申请破产保护。

就如我们上面说的，在一个社会中，富裕的人们（或行业）倾向于花钱和不富裕的人们（或行业）倾向于不花钱。那么我们现在要讨论的是，是什么因素使得某些人或某些行业富裕。为了找出这个答案，我们需要探索人们（或行业）的资金流的来源。

对普通人来说，他/她能花的钱就是他/她手中持有的钱，往往是以下几项的组合：收入加储蓄减去开销（费用）。开销往往是投资加消费（见图1-8）。

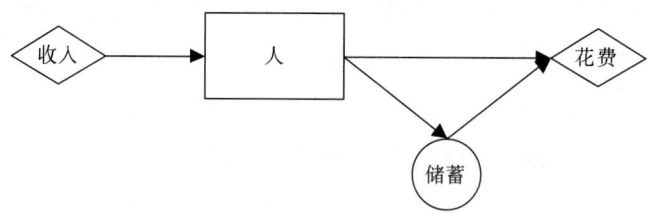

图1-8 人的消费能力

人们持有的钱可以用以下公式表示：

$$持有的钱 = 收入 + 储蓄 - 费用$$

持有的钱是普通人持有的即时的资金量。当前持有的钱可以转化为下一期的储蓄。

对于普通的公司来说，可以花的钱也是以下几项的组合：收入加上储蓄减去花销（见图1-9）。

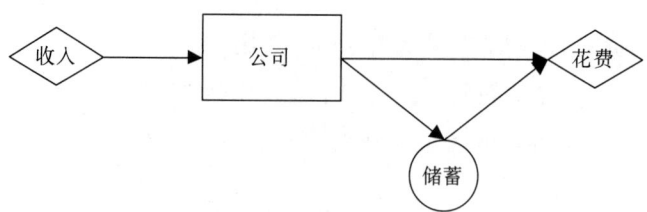

图1-9 公司的消费能力

第一章 货币旋转理论

公司持有的钱可以用以下公式表示：

$$持有的钱 = 收入 + 储蓄 - 费用$$

持有的钱是普通公司持有的即时的资金量。当前持有的钱可以转化为下一期的储蓄。

通过以上两图我们可以知道如果我们希望人们提高消费，那么人们需要有更多的储蓄和收入，否则他们会不愿意花钱。如果收入提高，人们可以轻易地购买他们想要的任何东西。同样地，我们希望公司可以花得更多，那么公司需要有更多的储蓄和收入。如果收入提高，公司可以很容易地买到它们需要的商品或服务以及支付更高的薪水给员工们。

对于普通人们来说，其收入主要是来自工资，通常是由其雇主每月支付的。一般人的收入是一个流量变量；同样地，公司的年营业收入也是一个流量变量。公司的收入往往按月或按年计算，流进每个公司的资金就是其营业收入。所以再强调一下，人们的收入和公司的收入都是流量变量（见图1-10）。

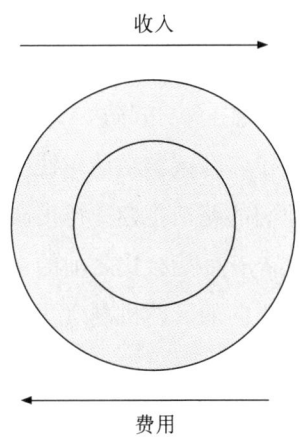

图1-10 总资金流

本章到目前为止可以从我们的讨论中知道，在经济系统内部，所有的费用会被转换成全体的收入。所以我们能得出这样的结论：收入越高，人们或行业就会更容易花钱，他们能够花更多的钱；反之，收入越低，他们就越不容易花钱，能够花的钱也就越少，甚至不花钱。

换句话说，如果整个社会收入提高，整个社会就能够花更多的钱，接下来社会收入也会进一步提高。反过来，如果整个社会收入变低，能花的钱变少，收入也会进一步变低。现在我们知道了经济系统的当前阶段可以被传递至下一阶段，这也是我的经济理论中的关键思想，这是一种独特的反馈机制。

对于市场上的所有参与者来说，他们能花费的金钱是以下项目的综合：收入和存款减去花销（见图1-11）。

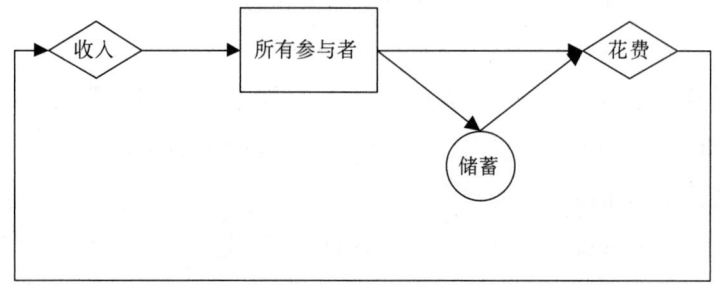

图1-11　全经济系统

所有参与者持有的钱可以用以下公式表示：

$$持有的钱 = 收入 + 储蓄 - 费用$$

当前持有的钱可以转化为下一期的储蓄。

所以很容易得出一个结论，在自由市场内部有一个反馈机制，当收入上升，人们手头会很容易累积金钱，接着会很容易地花钱出去。如果不是习惯节约俭朴的人，不会储蓄太多，那么他们的花销将会变得很高。接下来这部分消费又会变成整个社会的收入，这部分收入有可能会比之前的更高，所有的市场参与者都会比以前花更多的钱。这是一个正向的反馈机制（见图1-12）。

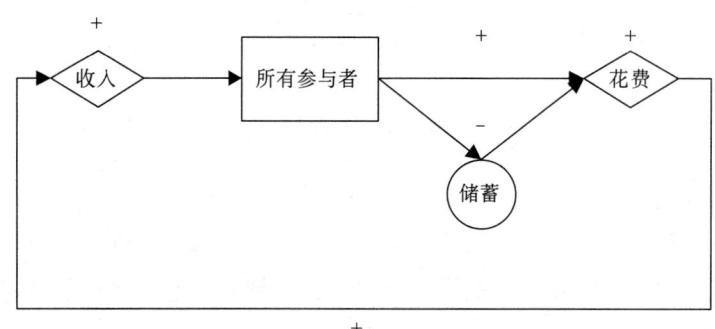

图1-12　正反馈

第一章　货币旋转理论

另外也很容易推断出，在自由市场里还有另一个反馈机制。当收入变低，人们手头难以累积财富，但是他们又要花钱去支付必需品。同时因为他们钱不多所以更会变得节俭而努力储蓄，所以自然地，消费水平就会变得很低，整个社会的收入将会变得更低，所有市场参与者因收入减少花销也会进一步减少，人们就会越来越穷。这种情形可以称为负向的反馈机制（见图1－13）。

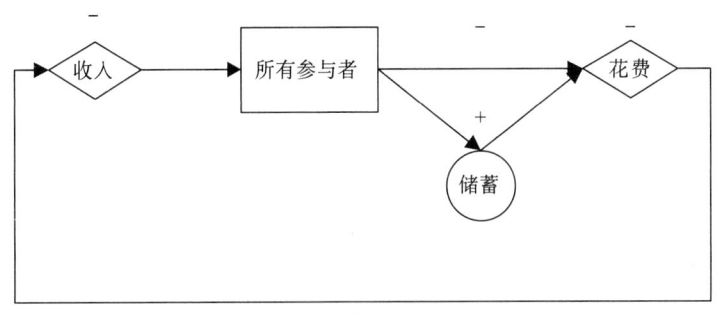

图1－13　负反馈

在进入下一章节前，我们需要记住一件事，那就是收入会转换成人们的消费能力。同时收入是一个流量变量。如果资金在自由市场内部流速减慢，收入将会变少。根据以下这个公式：

$$持有的钱 = 收入 + 储蓄 - 费用$$

当前持有的钱会变成下一个阶段的储蓄。

这里所说的费用是体现人们消费行为的主要变量。如果收入变少，消费自然很容易变少。我们也可以很容易知道如果人们在市场上的消费变少了，那么市场上的收入会减少，费用会变得更低，之后整个社会的需求就会降低。

如果资金流动速度加快，而费用是流量变量，费用会很容易因此而变大。费用变大则意味着人们在市场上花了更多的钱，从而也促进之后整个市场的需求变大。

这里我要澄清一点，那就是等式中各变量的特征和属性。

收入意味着你赚取的特定金额的资金，比如每个月3,000美元，这是一个流量变量。费用表示你在一定时间内所花费的特定金额的钱，这也是一个流量变量。储蓄和持有的钱都是即时的变量。这说明在某一时点，你拥有特定金额的储蓄以及持有特定金额的现金。因此，可将这一公式更准确地表示为：

$$\text{Money at hand}(s_0 + t) = \text{Income} \times t + \text{Saving}(s_0) - \text{Expenses} \times t$$

$$\text{持有的钱}(s_0 + t) = \text{收入} \times t + \text{储蓄}(s_0) - \text{费用} \times t$$

t是这个过程所需的总时长,储蓄(s_0)是时点s_0的储蓄,以及持有的钱(s_0+t)是时点s_0+t的储蓄。请记住在本章开头,我们已经提出现在研究的是一个初级市场,这里不存在银行来存放我们的储蓄。

第二章
供求关系论

本章将主要探讨需求和供给之间的关系以及它们之间的相互作用。需求和供给之间的关系可以说是个历史悠久的议题，多年以来人们一直争论不休。直到今天，人们仍然没能得出一个一致的结论。一些人认为需求可以决定供给，其他人则认为供给决定了需求。在这里我将根据自身对世界的观察，提出我的观点。我将通过自己的方式来分析需求与供给是如何互相影响的。这也是我理论体系中的一个基本概念，我会将其用于开展之后章节的理论论述。

在古典政治经济学中，一些经济学家相信供给可以创造其自身的需求，这个观点被称为萨伊定律。萨伊定律有着很长的历史，并在十九世纪非常流行。萨伊定律源于一位著名的法国古典自由主义经济学家——让·巴蒂斯特·萨伊。许多著名的经济学家都将这个定律视为真理，其中就包括大卫·李嘉图。

也许很多读者可能从未听过这个定律，在这里有必要先了解一下这个定律。什么是萨伊定律？萨伊定律可描述为：

> "所用以购买商品者，只是商品。每个人所用以购买别人之产品者，只是他自己所有的产品。就字面讲，所有卖者必然是买者。故设一国之生产力骤然增加一倍，则所有商品之供给量亦增加一倍，但购买力亦同时增加一倍。每个人的供给量与需求量都倍于往昔；每个人的购买量可以增加一倍，因为每个人所用以交换的东西，也增加了一倍。"[①]

---

① 《政治经济学原理》，约翰·斯图亚特·穆勒著。

一言以蔽之，也就是说，供给会自己创造需求①。

也许这个概念仍然有些不好理解，现用图 2-1 来解释这个定律。

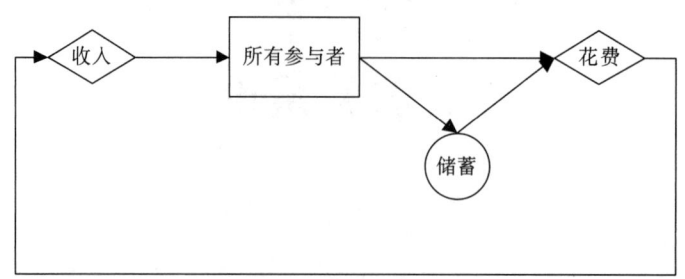

图 2-1　萨伊定律

从上图可以看出，当市场里所有的人们努力工作来生产产品或服务，获得收入并用于消费，当消费时他们会购买来自他们参与生产的产品和服务。因此，供给创造了其自身的需求这一说法由此而来。根据萨伊定律，失业将永远不会存在。很多经济学家赞同这个定律，甚至是大卫·李嘉图和马歇尔。

然而，似乎经济学领域的任何一个定律都有人持不同意见，萨伊定律也不例外。从马尔萨斯这位著名的经济学家开始，对萨伊定律的质疑声便层出不穷，其中就包括凯恩斯。凯恩斯认为需求会决定供给，在他的《就业、利息和货币通论》中，凯恩斯提出只有高需求才能带来充分就业和财富。凯恩斯认为政府应该努力利用政策来提高整体需求，如果需求不够大，那么政府应该自行消费来填补这部分需求，然后需求将决定供给，并为国家带来财富和充分就业。

所以，需求和供给之间的关系到底是什么样的呢？这似乎是个棘手的问题。我的观点是同意需求创造供给的理论，也就是凯恩斯提出的理论。

需求可以创造供给是很显然的。当存在需求时，生产者能够获得利润。根据我们之前的结论，PM 层面"看不见的手"会促使生产者们去赚钱，将自己投身于生产有特定需求的产品中去，并以此来获取利润。如果有更多的利润，生产者就会生产更多的产品。需求通过利润的驱使创造了供给。在这里我们可以找到更多的例子来佐证这一点。比如，人们对夜晚的照明有需求，于是灯泡便被发明出

---

① 《就业、利息和货币通论》，约翰·梅纳德·凯恩斯著。

第二章　供求关系论

来进行售卖；人们需要的灯泡越多，被生产出来的灯泡也就越多。产品之所以能被卖掉就是因为市场上存在着需求，如果没有需求，没有人会生产这种产品。退一步说，就算某种商品真的被生产出来了，但因为没有潜在需求也不会有人去买。

另一面也是显而易见的，供给同时也可以创造需求，只要人们对这种产品有潜在需求。我们也可以找到诸多例子来证明供给真的可以创造需求。比如苹果公司的创始人史蒂夫·乔布斯，他推出了创新性产品 iPhone 4s。iPhone 4s 一经推出，就成了全球爆款。很多人花很长时间排很长的队就为了在第一时间买到 iPhone 4s。这个例子很好地说明了供给是可以创造需求的。如果 iPhone 4s 没有被生产出来，就没有销售和交易。供给（生产 iPhone 4s）创造了其需求（iPhone 4s 的热销）。

通过上述讨论，读者肯定会困惑，为什么我会同意这两种看似互相矛盾的观点呢？供给和需求之间的关系应该如何呢？我们都知道当一个交易发生时，交易量就是供给量和需求量之间互相作用的结果。所以我们可以推断需求量和供给量可以互相影响，即需求量可以决定供给量，而供给量也可以决定需求量。

我的观点认为，供给和需求可以互相决定。当缺少需求时，生产出来的商品不能被销售，因此也不会有任何交易量。当缺少供给时，需求不能被满足，也不会有任何交易量。于是，便有：

如果供给量小于需求量，则供给将决定需求；如果需求量少于供给量，则需求将决定供给。或者可以这样说，体量小的一方会决定体量大的一方。

要证明这一点，我们需要讨论在不同情形下需求和供给之间的关系。首先，来看看产品市场中的供求关系，一开始我们先着眼于单一产品。然后我们将扩展到包含各种不同商品的整个市场。这个部分被 PA，即商品市场所控制（见图 2-2）。

接着，我会展示一个针对供求关系的图来继续我们的讨论。我们首先讨论的就是 PA 方，即商品市场的供求关系。

我们都知道，供求关系存在三种类型：供给大于需求，供给等于需求，供给小于需求。当供给大于需求时，需求为较低的变量；当供给等于需求时，即供求

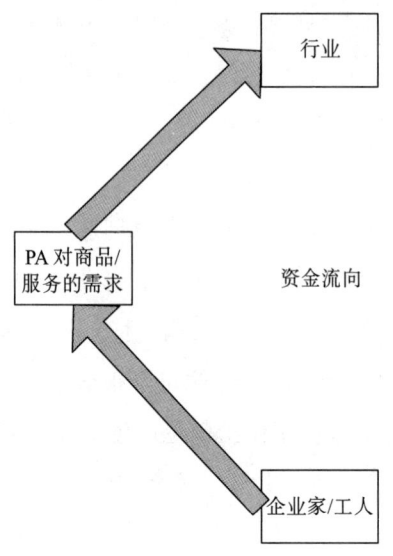

图2-2 商品市场

量相等;当供给小于需求时,供给就变为较低的变量。

在接下来的讨论中,我们假设没有其他因素会影响潜在的最大化的需求量 d(即在自由市场上,人们有可能在一段时间购买某一商品数量最多为 d),而且这个数量 d 将在下面的讨论中保持不变。或者可以说,市场上的任何其他因素都不会引起潜在最大需求量的改变。那么,我们让生产者从零开始改变其供给量,且逐一增长。

给定一个潜在最大需求量 d($d>0$),我们可以得出图2-3。

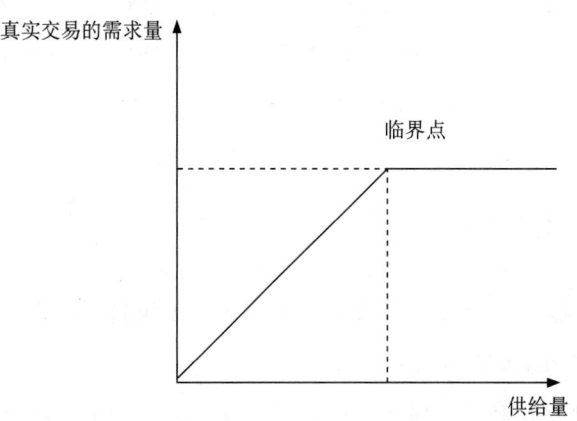

图2-3 供求图

第二章 供求关系论

当供给低于需求时:

当存在潜在最大需求量 d 时,我们从零逐一增加供给量,当供给量比需求量小时,供给量决定了成交量。当供给量增加,成交量就会增加。

当供给等于需求时:

当需求量等于供给量时,就是此曲线的转折点。成交量与供给量和需求量均相等。

当供给高于需求时:

当供给量超过 d,需求量便成为较低的一方,于是需求量将决定成交量。所以成交量将维持在 d 的水平,但供给量仍在持续增长,这样便形成了生产过剩。

综上所述,在供给量达到 d 之前,供给量决定了需求量;当供给量超过 d,则需求量决定了供给量。

需要说明的一点是,在我们针对需求量和供给量的讨论中,所有的变量都是流量变量。这意味着在单位时间内,比如说一个月或一年,会有多少供给量或需求量。比如人们一天对米饭的需求量是两碗,这是个流量变量。在我们的讨论中,供给量和需求量的界定都是同样的单位、在同样的单位时间内。通过这种方式能让我们的讨论变得更加简单。

在接下来的讨论中,我们假设没有其他因素会影响供给量 s(即在自由市场上一直有总量为 s 的供给量)。人们可以改变其需求,从零开始逐一增长。

给定一个供给量(s>0),我们可以得出图 2-4。

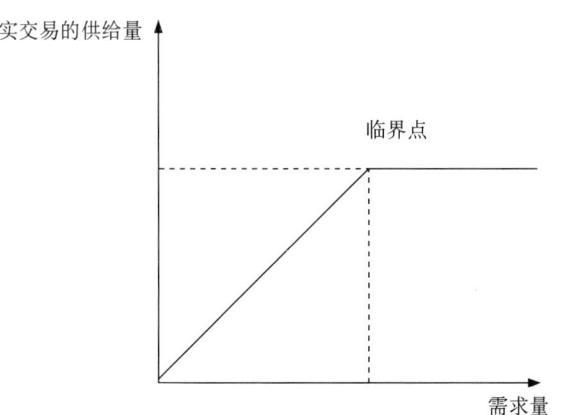

图 2-4 供求图

当供给高于需求时：

当存在供给量 s 时，我们从零逐一增加需求量。当需求量为较低的一方时，需求量决定了成交量。当需求量增加，成交量就会增加。所以这时成交量与需求量存在一个线性关系。

当供给等于需求时：

当供给量等于需求量时，就是此曲线的转折点。成交量与供给量和需求量均相等。

当供给低于需求时：

当需求量超过 s，供给量便成为较低的一方，于是也决定了成交量。所以成交量将维持在 s 的水平，虽然需求量仍在持续增长。

综上所述，在需求量达到 s 之前，需求量决定了供给量。当需求量超过 s，则供给量决定了需求量。

通过我们的讨论，我们可以得出这样一个公式：

$$成交量 = \text{Min}（供给量，需求量）$$
$$TV = \text{Min}（S, D）$$

这意味着真实的成交量是供给量和需求量之间的孰小值决定的，体量小的一方会决定体量大的一方。

这样一来，对商品市场的结论便顺理成章：

商品市场的供给和需求相互依赖、相互影响。两者中较小的一方会决定另外一方。

那么我们就可以明白为什么萨伊和凯恩斯对供求关系会有着如此迥异的看法。因为萨伊生活的时代，生产力水平并不高，供给量一直维持在较低的水平，于是供给便决定了需求，或者说供给创造了其需求。但凯恩斯生活的时期则不同，生产力因为科学技术的发展而大幅度地提高，生产厂商能生产尽可能多的商品，这样一来需求量成了较小的一方，需求就会决定供给，或者可以说需求创造供给。两位经济学家都是仅从他们所生活时代的视角来看待世界，是基于自己对其环境的观察得出的结论。

我们将讨论的另一个议题是为什么在经济体系中会有需求不足，也就是生产过剩。首先来重温一下萨伊定律（图 2-5），再继续我们的探讨。

第二章 供求关系论

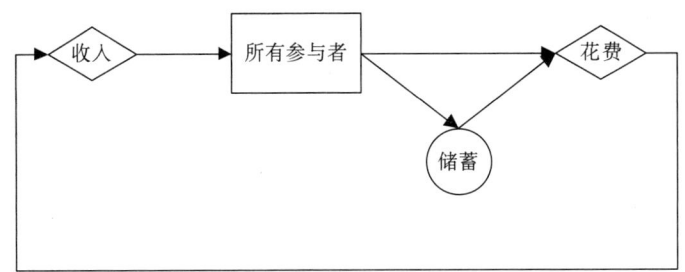

图 2-5　萨伊定律

从图 2-5 可以看到,当市场上的人们努力工作生产商品和提供服务时,他们销售商品和服务并获得收入,接着他们可以拿这笔收入进行消费,用来购买他们所生产的商品和服务。所以这是一个供给创造需求的过程。根据萨伊定律,在这个过程中永远也不会产生失业和生产过剩的问题。

然而,再仔细观察图 2-5,我们可以发现收入是一个流量变量,如果这个自由市场内的资金流速非常慢,那么资金来源就会减少,人们仅能获得少量的收入。与此同时,人们仍在持续不断地消费从而导致手上的现金也越来越少。或者可以说,人们手中的现金越少,他们的需求被满足的就越少,直到他们的需求被抑制。当需求很小而供给很大,孰小值就会决定成交量,即这时成交量由需求或低收入决定。市场上的许多商品无法销售出清,那么这时生产过剩就出现了。因为当人们的消费速度和消费量放缓时,收入也会不断降低,最终导致很难支付得起任何商品和服务,也就意味着生产出来的商品很难被销售。这便是需求不足。

总结一下,萨伊定律的一个缺陷是**当人们获得的收入减少,以及消费速度很慢时,收入这一流量变量会变小,人们就会越来越穷导致需求受到抑制。他们就无法获得市场上所生产的商品和服务。**

从我们之前的讨论中也可以得知,供给和需求均有可能导致需求不足,因为真实的成交量是由供给量和需求量的孰小值来决定的。如果市场上没有足够的需求,会导致需求不足;如果没有足够的供给,也会导致需求不足。

我们上面已经讨论了市场上单一商品的供求关系,接下来我们一起来讨论劳动力市场的供求关系。我们也从单一工作职位,即某一种特定工种的讨论开始。首先来看我们的结论:

如果这一工种职位的供给量小于需求量,那么供给会决定需求;如果这一工

种对雇员的需求量小于供给量,那需求就会决定供给。换言之,量小的一方会决定量大的一方。需求量和供给量的孰小值会最终决定有多少人就业。

要证明这个结论,先讨论一下劳动力市场上职位的供给和需求。一开始如上面所说首先要关注单一工种的工作职位。我们假设每个求职者都能胜任这一工作,每一个求职者都有着同等的工作能力,每个人都有同等的机会被雇佣。

接下来将展示劳动力市场上的供求关系图,以便读者们能更好地理解这两者之间的关系。我们讨论的劳动力市场,即 PM 方,如图 2-6 所示。

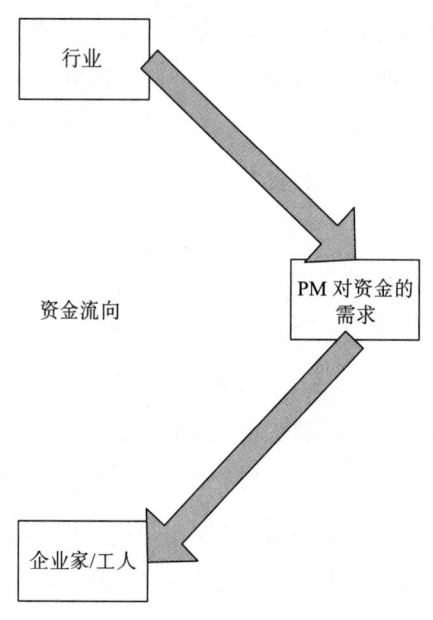

图 2-6 劳动力市场供求图(PM 方)

我们都知道,在劳动力市场上,劳动力的供给量(求职者)和需求量之间存在三种关系:劳动力的供给量大于需求量,供给量等于需求量,供给量小于需求量。

当供给大于需求时,需求量是数值较小的那个变量;当供给等于需求,它们的值相等;当供给小于需求时,供给成了数值较小的变量。

这里,劳动力的需求和供给均为流量变量,同时我们假设它们使用同样的时间单位。

在接下来的讨论中,我们假设没有其他因素会影响潜在的公司需要的最大员

第二章 供求关系论

工量 d（即市场上的公司可以雇佣员工的最大值），即 d 在我下面的讨论中保持一定的量不变。或者可以说，市场上的任何其他因素都不会引起潜在最大雇员需求量的改变。那么，我们来看一下增加这一特定工种的求职者数量，从零开始逐一增长，会发生什么。

给定一个潜在最大雇员需求量 d（d>0），我们可以得出图 2-7。

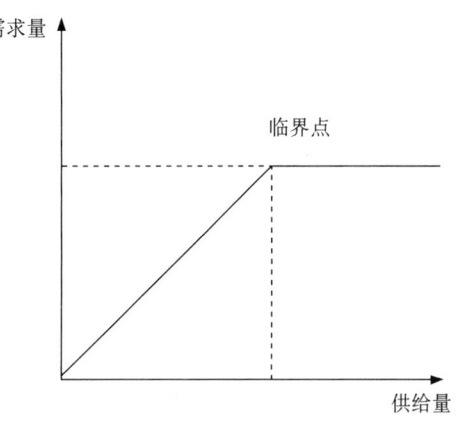

图 2-7 供求图

当供给低于需求时：

当存在潜在最大需求量 d 时，我们从零逐一增加供给量。当供给量比需求量小时，供给量决定了雇佣量。供给量增加，就业量就会增加。

当供给等于需求时：

当需求量等于供给量时，就是此曲线的转折点。就业量与求职者数量和公司的雇员需求量均相等。

当供给高于需求时：

当求职者的数量超过 d，企业对雇员需求量便成为较低的一方，于是需求量决定了就业量，所以最终的就业量将维持在 d 的水平。然而供给量仍在持续增长，这样一来，便形成了失业，一些求职者未能获得职位。

综上所述，在供给量达到 d 之前，供给量决定了需求量或就业量。这时没有失业存在。当供给量超过 d，则需求量决定了供给量。职位的数量不够满足所有的求职者，所以就出现了失业的情况，即一些求职者没有获得工作。

在接下来的讨论中，我们假设没有其他因素会影响求职者的数量 s（即在自由市场上一直有总量为 s 的求职者）。公司可以改变其雇员需求的数量，从零开始逐一增长。

给定一个供给量（s>0），我们可以得出图 2-8。

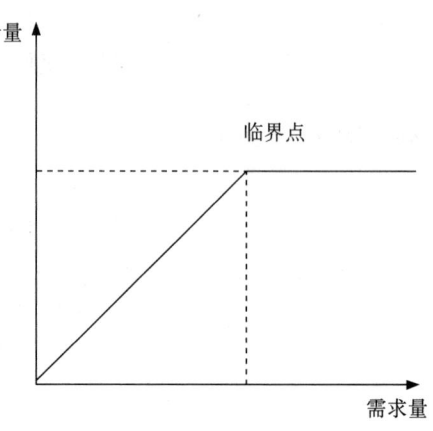

图 2-8　供求图

当供给高于需求时：

当存在 s 的求职者时，我们从零逐一增加公司的雇员需求量。当企业对雇员需求量为较低的一方时，需求量决定了就业量。需求量增加，就业量就会增加。

当供给等于需求时：

当供给量等于需求量时，就是此曲线的转折点。就业量与供给量和需求量均相等。

当供给低于需求时：

当公司对雇员的需求量超过 s，求职者的数量便成为较低的一方，于是求职者数量将决定就业量。所以就业量将维持在 s 的水平，虽然公司提供的职位数量仍在持续增长。

综上所述，在需求量达到 s 之前，需求量决定了供给量，这时会出现失业的现象。当需求量超过 s，则供给量决定了需求量。这时没有失业现象。

通过我们的讨论，我们可以得出这样一个公式：

$$就业量 = \text{Min}（供给量，需求量）$$

$$EV = \text{Min}（S, D）$$

这意味着真实的就业量是求职者数量和公司对雇员需求量的孰小值，数值小

第二章 供求关系论

的一方决定了数值大的一方。而且我们可以知道当求职者数量较大时,即供给大于需求,会出现失业现象。

接下来便是我对劳动力市场的结论:

劳动力市场的供给和需求相互依赖、相互影响。两者中较小的一方会决定另一方。

接下来要描述的是在自由市场下的产品市场中整体的供求关系,这意味着我们会有多种不同的供求关系。为了简化讨论,我们假设需求和供给保持不变。我们知道市场上存在许多不同种类的需求和供给,但我们要建立一个简单的模型。我们假设有5种不同的供给和对应的需求,分别命名为a、b、c、d和e,如图2-9所示。

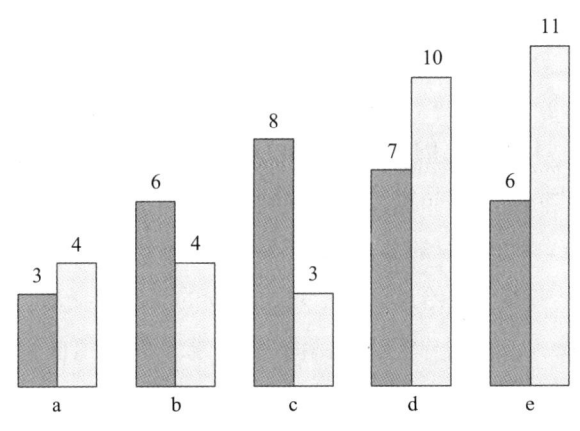

图2-9 多商品的供求关系

a、b、c、d和e代表着不同的产品,在这里我们假设a产品有3个单位的供给量(单位时间内)和4个单位的潜在最大需求量(单位时间内),b产品有6个单位的供给量(单位时间内)和4个单位的潜在最大需求量(单位时间内),c产品有8个单位的供给量(单位时间内)和3个单位的潜在最大需求量(单位时间内),d产品有7个单位的供给量(单位时间内)和10个单位的潜在最大需求量(单位时间内),e产品有6个单位的供给量(单位时间内)和11个单位的潜在最大需求量(单位时间内)。根据前文得出的结论,我们可以知道在市场上真实的交易量分别是3个单位的a产品(单位时间内),4个单位的b产品(单位时间内),3个单位的c产品(单位时间内),7个单位的d产品(单位时间内），6个单位的e产品（单位时间内），真实的成交量是供给量和需求量的孰小值。

这个市场上最终的成交量如图 2-10 所示。

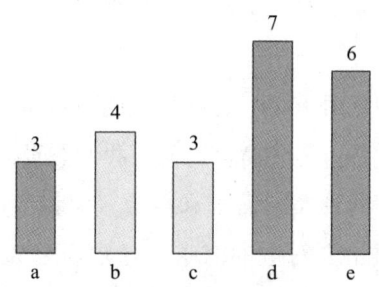

图 2-10　多商品的最终成交量

所以在真实的自由市场中，总的潜在需求量是每个产品潜在需求量的总和。在这个例子中，4 个单位的 a 产品，4 个单位的 b 产品，3 个单位的 c 产品，10 个单位的 d 产品，11 个单位的 e 产品，所有的潜在需求量加起来即这个社会的总需求。总的供给量是每个产品供给量的总和。在这个例子中，3 个单位的 a 产品，6 个单位的 b 产品，8 个单位的 c 产品，7 个单位的 d 产品，6 个单位的 e 产品，所有的供给量加起来即总供给量。这个自由市场的真实成交量为所有产品的真实成交量的总和，或者说是每个产品供给量和需求量孰小值的总和。对于某些产品，需求量是较小的值；还有一些产品，供给量是较小的值；对于剩下的产品，供给量等于需求量，则供给量和需求量同时都是最小值，也就是产品最终的成交量。每个产品供给量和需求量孰小值的加总会决定真实的总成交量，或者说是总的国民收入。

我们对有着各种不同供给关系产品的市场的讨论也到此结束。接着我们将讨论在整个自由市场中的劳动力市场内的雇员需求量和求职者数量之间的关系。我们要讨论的目标劳动力市场包括几种不同的工作和劳动力。当然，在现实中会有许许多多不同的工作，为了简化讨论，我们假设只有 5 种不同的工作及其对应的求职者，分别命名为 a、b、c、d 和 e，如图 2-11 所示。同样地，我们假设每个求职者有同等的机会被雇佣。

第二章 供求关系论

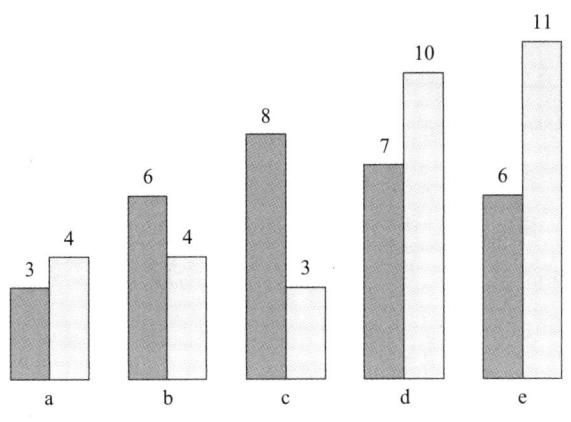

图 2-11 多工种的供求关系

在这里假设 a 工作有 3 个求职者（单位时间内）和 4 个潜在最大职位量（单位时间内），b 工作有 6 个求职者（单位时间内）和 4 个潜在最大职位量（单位时间内），c 工作有 8 个求职者（单位时间内）和 3 个潜在最大职位量（单位时间内），d 工作有 7 个求职者（单位时间内）和 10 个潜在最大职位量（单位时间内），e 工作有 6 个求职者（单位时间内）和 11 个潜在最大职位量（单位时间内）。根据前文得出的结论，我们可以知道市场上真实的求职者就业数量分别是 3 个 a 工作（单位时间内），4 个 b 工作（单位时间内），3 个 c 工作（单位时间内），7 个 d 工作（单位时间内），6 个 e 工作（单位时间内）。

在这个劳动力市场上最终的就业量如图 2-12 所示。

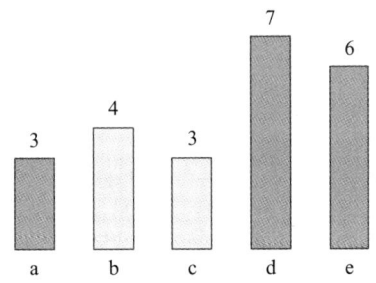

图 2-12 多工种的最终就业量

所以在真实的自由市场中，总的潜在职位量是每个工作潜在职位量的总和。在这个例子中，总的潜在职位量即 4 个 a 工作、4 个 b 工作、3 个 c 工作、10 个 d 工作以及 11 个 e 工作的总和。总的求职者数量是每个工作对应的求职者数量的

自由市场经济发展和货币流动理论
——货币旋转理论的研究

总和,在这个例子中是3个a工作的求职者、6个b工作的求职者、8个c工作的求职者、7个d工作的求职者以及6个e工作的求职者的总和。这个劳动力市场的真实就业量为所有工作的真实就业量的总和,或者说是每个工作职位量或求职者数量的孰小值的总和。可以看到,对于b工作和c工作,会出现失业的现象。因为在b工作和c工作中,求职者的数量大于相应的最大职位量。因此得出,为了避免出现高失业率,我们需要有较高的雇员需求量及较低的劳动力供给。我们同样应该允许劳动力市场中的劳动力能自由转移,于是b工作和c工作的求职者也可以向a、d、e工作求职。

当求职者的数量大于职位量,就会出现失业现象,即一些人无法被雇佣。而反之,如果求职者的数量小于职位量,就不会出现失业的情况,每个人都能被雇佣。

这里还有一个我想讨论的问题,就是边际效用递减规律,这也是马歇尔理论的核心组成部分。那什么是边际效用递减呢?在一些现代主流经济学教材中,边际效用递减规律[①]一般被定义为商品的效用(即商品给消费者带来的满足)的增量会随着商品单位增量逐渐衰减而变小。也就是说,消费者每多消费一次某一消费品,消费者从该消费品得到的满足会逐渐变小。在马歇尔的理论中,这一规律伴随着马歇尔的需求定理,即价格下降,需求量增加;价格上升,需求量减少[②]。

正如上文所述,边际效用递减定律提出,如果一个人持续增加一种特定需求或商品的消费,则此人在每消费一单位需求或商品时所获得的边际效用将是下降的。或者可以这样说,消费者越消费这种特定需求或商品,其所获得的幸福或满足感的增加量有递减的趋势。那么,当消费达到一定极限后,消费者将再也无法获得更多的效用,消费者将维持在那个为其带来最多边际效用的地方而不再消费。但是在现实生活中,为何有人会钟情于去同一个地方旅行呢?当他们持续这一行为时,获得的幸福感会变得更少吗?例如,一些人每年都会飞去毛伊岛度假,他们没想过停止这个习惯。那么这样的行为符合边际效用递减定律吗?边际效用递减定律可以解释在一段相对短的时间内对特定需求的消费,但是在面对长期需求时,则往往很难解释。我们是否能够断言,如果一个人某日吃午饭,在他

---

① 关于此原理,可以参考马歇尔《经济学原理》。
② 《经济学原理》,阿尔弗雷德·马歇尔著。

第二章　供求关系论

吃饱后，其当日午餐的边际效用就会变为零，他就不再吃了。但从长期来看，当他某时饿了，是否不会再吃那个边际效用为零的食物了呢？答案当然是否。长期来看他仍会吃同一种食物，也许是一天或是一个月或是一年以后。所以从长期角度来看，需求实际上是一个流量变量，边际效用递减不是对所有人或事都适用的。所以在我的理论中，我会将需求视为流量变量，而边际效用递减只能说是一种特殊情形，仅在很短的一段时间有效。

第三章
价格理论

本章讲述的是消费者和行业之间的互动机制，我将在本章主要讨论价格，并提出我自己的价格理论。通过商品和服务联系行业和市场消费者的机制即价格，如图3-1所示。

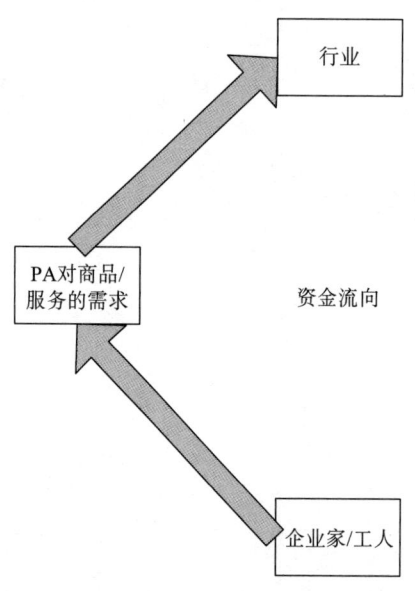

图3-1 联系行业与消费者的价格机制

在现代经济学中，有太多的价格理论都在讨论均衡。这个传统源自两位著名的经济学家里昂·瓦尔拉斯和马歇尔。瓦尔拉斯于1874年率先提出了一般均衡

第三章 价格理论

理论。马歇尔在1920年提出了局部均衡理论。鉴于这两位经济学家都非常权威，这两种理论也被成千上万个经济学家追随和拥护。然而，在现实世界中，市场上的均衡从来就没有被可被观察到的证据证实过，价格一直都是持续波动的。在下面的内容中，我会提出自己的价格理论，我将其命名为价格不确定原则。我会指出局部均衡理论和一般均衡理论的缺陷，并讨论为什么价格机制不是"看不见的手"。接着，我将深入探讨为什么局部均衡和一般均衡是不存在的。我将证明价格其实不存在一个均衡点，且市场价格总是处于波动状态。均衡思维已经在经济学世界中存在了百余年，这期间，许多学者对其有过质疑，但没有人能真正站出来并发表理论来挑战这两种均衡理论。而我接下来做的正是这件事。

我们先来看看在新古典经济学派中的价格理论所产生的背景。

在1874年，法国经济学家瓦尔拉斯提出了一般均衡理论。在这个理论中，他声称在自由市场中，供给和需求互相作用并最终会达到一种稳定的状态，即均衡状态。在这个状态下，需求会自动地等于供给。这个均衡就是稳定的状态。他甚至用了复杂的数学公式来证明这一点。

与此同时，另一个经济学家马歇尔提出了局部均衡理论和价格机制。他认为在一个局部市场中（局部市场是指我们仅仅讨论一种商品和其对应的一种需求），在市场力量的作用下，存在着一个局部均衡能使供给量等于需求量，同时有一个价格的稳定点，这个点就叫作均衡点。另外，这个价格有着内在的动力来推动它自己到达均衡点。

然而，这两个均衡理论的任何一个都不能解释真实的世界。这两个理论有一个最重要的缺陷，均衡的概念来源于物理学理论，两位伟大的经济学家用这个概念建立了漂亮的模型并吸引了数千的追随者。然而，并没有证据证明这两种均衡是真实存在的，因此他们的理论仅仅是好看的数学模型但并不科学。科学是可以用来描述这个真实的世界，或者至少不违背这个世界的本质。

首先，我会简要介绍一下传统理论，即局部均衡理论是如何解释价格变动，并提出其理论缺陷。我们必须要对比传统理论才能从中有所突破。接下来的内容我援引自马歇尔撰写的《经济学原理》，并将其重新表述以更适合我们的讨论。这部分内容将不完全与原著内容一致，但思想是完全一样的。

图3-2是需求曲线。

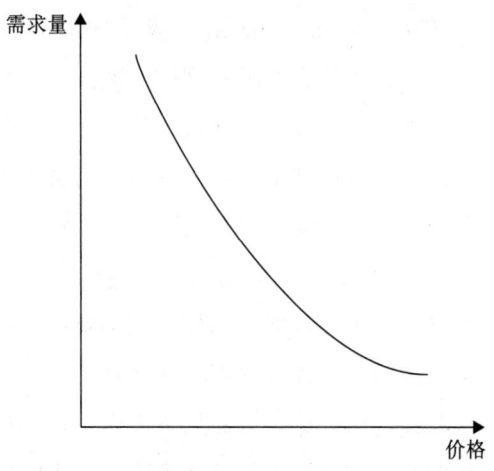

图 3-2　需求曲线

从图 3-2 我们可以看出当一个产品的价格上升,需求量会下降,且如果一个产品的价格下降,需求量就会上升。所以需求量与价格有一个反向关系。

图 3-3 是供给曲线。

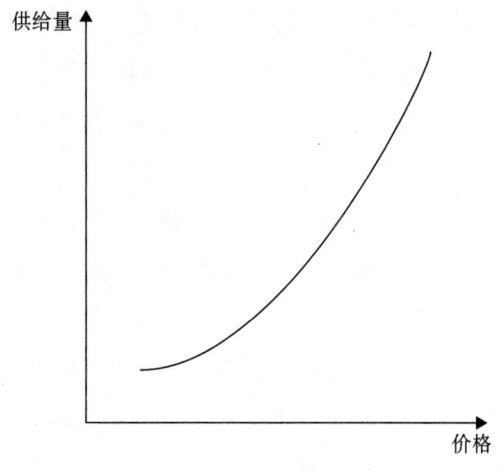

图 3-3　供给曲线

从图 3-3 我们可以看出当一个产品的价格上升,供给量会上升,且如果一个产品的价格下降,供给量就会下降。所以供给量与价格正相关。

图 3-4 是结合了需求曲线和供给曲线的均衡曲线。

第三章　价格理论

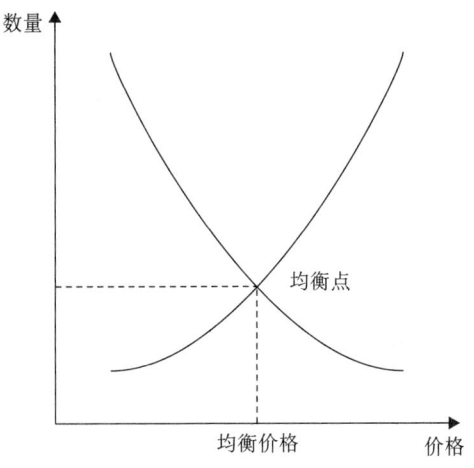

图 3-4　均衡曲线

从图 3-4 我们可以看出，均衡点是同一商品的需求曲线和供给曲线的交叉点。在这个点上，供给量和需求量相等。同时这个交叉点处的价格即均衡价格。局部均衡理论认为，每当价格离开均衡点就会有一个机制将它拉回到均衡点。

下面，我将简单描述一下局部均衡机制或者说局部均衡理论。

举例来说，图 3-5 展示了当真实的价格 p_0 高于均衡价格时的情形。马歇尔认为，在此种情形下，供给量为 s，需求量为 d，且 s>d，意味着供给量大于需求量，因此此时存在着生产过剩，所以生产者会降低供给量和价格；与此同时，需求量会因为价格的降低而上升，并最终在均衡点处合并。如果价格低于均衡点，供给量 s 会小于需求量，供不应求，生产者会提高价格和供给量，而且因为价格的升高，需求量会降低，并再次重新回到均衡点。[①]

然而，这个理论有着诸多缺陷。例如，当价格较高时，生产者会试图维持这个价格以此在交易每个商品的过程中都获得一个较高的利润，哪怕此时供给量超过需求量。如果生产者能高价销售出商品，那么他们绝对有动力这么做。在真实世界的自由市场中，生产者努力维持更高的价格来赚取更高的利润，即使需求量不高。他们还会努力去争取贸易保护，如政府保护下的高售价。

我们可以找出很多证据来说明各种商业组织或团体努力维持高价的事实。比

[①] 《经济学原理》，阿尔弗雷德·马歇尔著。

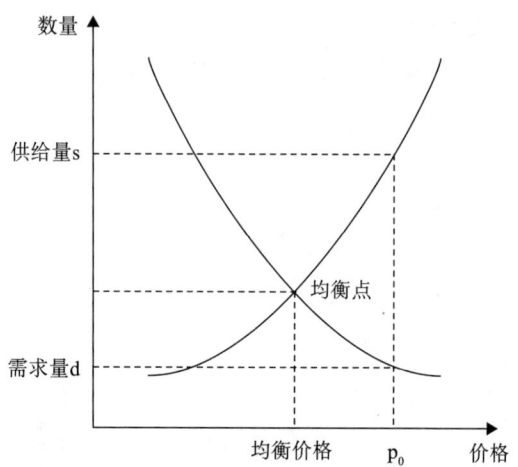

图 3-5 真实价格高于均衡价格的情形①

如中国有一个成语——囤积居奇,描述的就是这种情形。商家囤积大量的商品,但并不急着出售,而是等待市场上这一商品涨价时再出售,以赚取大量利润。所以商业团体或者个人从不主动降低价格(试想每个企业家都只关心与自己利益相关的市场活动而非慈善活动),他们只有在遇上强力的竞争对手或是国外企业时才会降低价格。如果自由市场存在,许多国外企业便会进入本土市场与当地企业竞争,后者就需要降低价格来迎接这些强劲商业对手的挑战。但如果有一丝机会,他们都不会放弃维持高价,哪怕供给远高于需求,他们都不愿意降低价格。

此外,我会指出上文提到的价格机制存在的缺陷。在现代经济科学中,许多经济学家相信就是这个价格机制推动了自由市场中人们行为活动的发生。他们认为当一种商品的价格很高时,生产商便获得了应该生产这一商品的信号。正是因为有了高额利润生产商才选择生产。如果一旦成本升高甚至超过了市场价格,也不会有人愿意去生产这种商品。所以,只有实在的利润或促使人们赚钱的欲望才能推动生产商生产商品,或者可以说是 PM 层面的"看不见的手",即促使人们赚钱的欲望让商业组织或个人生产商品或服务。高利润产品会自动吸引越来越多的企业来生产它,而低利润甚至负利润产品则相反。

---

① 《经济学原理》,阿尔弗雷德·马歇尔著。

第三章 价格理论

在指出局部均衡理论和价格机制的缺陷后，我们再来看看价格的形成，是什么因素决定了自由市场中的价格呢？

在本地竞争性市场中，一个生产者不能擅自决定价格，因为他要与其他卖家互相竞争。我们可以看下面的例子：

假设在一个本地市场里有三个销售商，A、B和C都销售同一种商品。一开始，他们的销售价格都是统一的市场价。在其他条件都不变的情况下，如果A提高了价格，人们就会选择购买B和C的商品，那么A就不能卖出其产品。为了避免损失，A就必须降低商品的价格来与B和C竞争。

这种竞争能使价格趋低。

因此，只要是本地市场（此假设为了更好地讨论单一产品的需求和供给）存在竞争，单一销售商便无法自行决定市场价格。竞争者数量和供给量的总量决定了价格。

那么我们可以得出一个结论，在竞争性市场中，价格是一个因变量。因此价格不能决定竞争性市场的供给曲线和需求曲线。

接下来，我们来回顾一下在上一章中讨论的供给量和需求量之间的关系。任一商品或服务的需求量和供给量可以是以下三种状态之一：

供给量大于需求量，供给量等于需求量，供给量小于需求量。

假设一种特定商品的总需求是一个恒定值，用 N（$N>0$）来表示。假设此处需求 N 为一瞬间的总需求，即一个本地市场所有人对某一特定商品或服务的需求，或是某一商品或服务的价格和需求量之间的函数关系（同时这里排除其他因素的影响）。需求量是一个瞬时流量值，即在单位时间内真实发生的成交量。在本书理论中，供给量也是一个瞬时流量值，同时价格是一个因变量。我们首先来分析供给量和需求量之间的关系（供给量是一个时点库存的所有待销售的商品）。在我们的讨论中，供给量将被视为自变量。

假设在其他条件都不变的情况下，需求 N 保持不变。正如马歇尔在局部均衡理论中所说的那样，我也将借助他的曲线来阐述我的理论，如图 3-6 所示。

因为我们假设需求量 N 不变，所以曲线不会变。那么如果我们改变 N 呢？如果增加 N，我们需要移动需求曲线，就会出现图 3-7 所示的情形。

如果我们减少需求量 N，将会出现图 3-8 所示的情形。

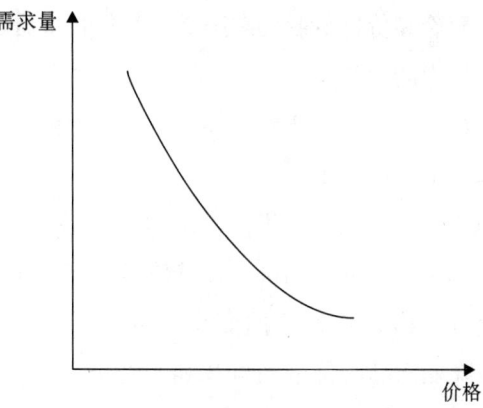

图 3-6 需求曲线

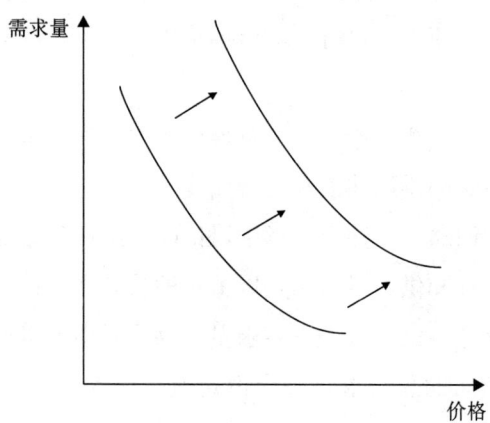

图 3-7 当扩大需求时需求曲线的移动

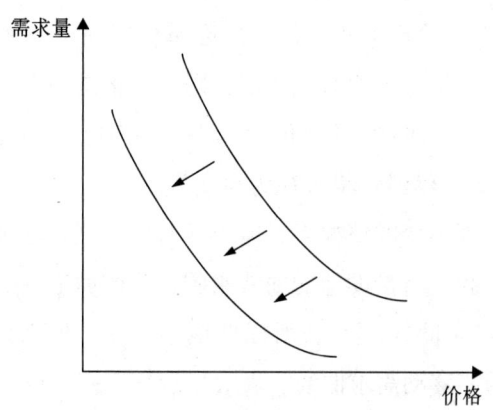

图 3-8 当减少需求时需求曲线的移动

第三章　价格理论

因为我们假设需求量 N 不变，所以在我们的讨论中需求量与价格之间的关系也不会改变。

如果需求量 N 不变，我们将可以得出以下结论：

（1）当生产力水平低下时，供给无法满足需求。因此只要是生产出来的商品都能被卖出，就像萨伊定律中所说的供给量会决定需求量①（见图 3-9 所示）。

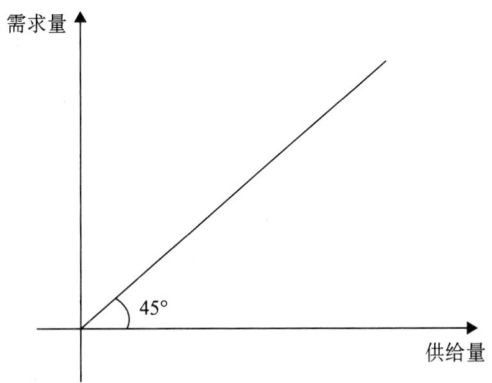

图 3-9　在低生产力情况下的供求关系

在我的理论中，价格是一个因变量，所以我们可以转换价格与需求量曲线的坐标轴，这里我们可以再次利用马歇尔的需求曲线，得出图 3-10。

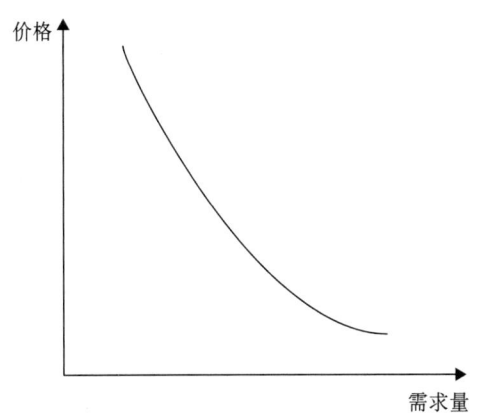

图 3-10　价格—需求曲线②

---

① 《就业、利息和货币通论》，约翰·梅纳德·凯恩斯著。
② 《经济学原理》，阿尔弗雷德·马歇尔著。

在图 3-10 中，水平轴是自变量，即需求量是自变量。因需求量与供给量一致，可以得出图 3-11。

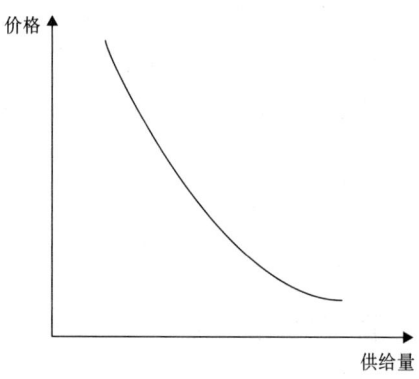

图 3-11　价格—供给曲线

（2）当生产力水平非常高时，供给量可超过需求量。

①当供给量超过需求量时，如果我们增加供给量，需求量不会增加因为所有的需求已经被满足。

②当供给等于需求时，此点为一个临界值。

③当供给低于需求时，全部供给的商品均被销售出去，且正如前文所述，供给量会决定真实的需求量。需要注意的是，现在这一时点的成交量等于供给量以及需求量。不论何时一个商品只要被生产出来出现在市场里，就会马上被卖出，如同萨伊定律所说，供给创造了它自己的需求①。如图 3-12 所示。

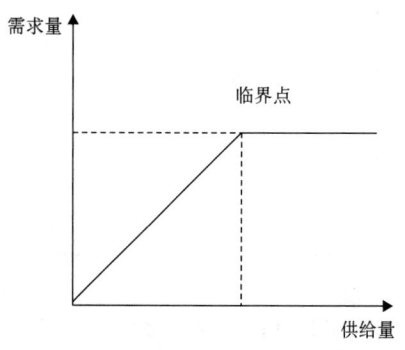

图 3-12　在高生产力情况下的供求关系

---

① 《就业、利息和货币通论》，约翰·梅纳德·凯恩斯著。

第三章 价格理论

从图 3-12 可以看出，在临界值以下，供给量与需求量相同。超过临界值以后，当供给量继续增长，需求量将不再增长。

我们已得出了供给量和价格之间的关系，现在来深入地探讨下供给量和需求量 N 在竞争性市场中的关系吧。

在一个局部市场中，有销售商 A 销售一种商品，我们假设此产品的需求恒定且为 N（N>0）。这意味着在其他条件不变的情况下，需求量和价格之间的关系是一个确定性函数。

如我们之前所说，当低于临界值时，需求量与供给量相等。根据马歇尔局部均衡理论中的需求定理，如果 A 提高价格，其需求量会下降；如果 A 降低价格，其需求量会增加[1]。因为在我的理论中，需求量与供给量相等，因此我们可以重新阐述上面这个定律：当 A 提高价格时，其供给量会下降；如果 A 降低价格，其供给量会增加。

但因为在本理论中，价格是一个因变量，所以当某产品价格升高，人们会更愿意生产它。在本书理论体系中价格将遵循一个基本假设，即如果 A 提高供给量，价格会下降；如果 A 降低供给量，价格会上升。这就是现实中所发生的情况。因为当 A 扩大供给量，意味着有很多的生产商生产和销售这一商品，竞争非常激烈，因此价格下降。当 A 减少供给量，即说明较少的生产商生产和销售这一商品，所以竞争不那么激烈，价格也随之上升。记住在我们开始讨论时，就假设 A 是一种商品的生产商群体，并不只是一个单一的企业。

首先，我们可以用幂函数来描述这一情景，接着我们可以将其扩展至更一般的情况。假设 p 是价格，sq 是供给量，所以我们可以得到下面的等式：

$$N = p \times sq$$
$$或\ p = N/sq$$

这里我们用的是市场价格来求得 N 的值，并忽略其他因素的影响，即在其他条件不变的情况下。这意味着在我们的讨论中，曲线 N 不会改变。在这里我们忽略通货膨胀以及其他因素的影响。因此我们可以得出图 3-13。在这里供给曲线是一个自变量。

---

[1] 《经济学原理》，阿尔弗雷德·马歇尔著。

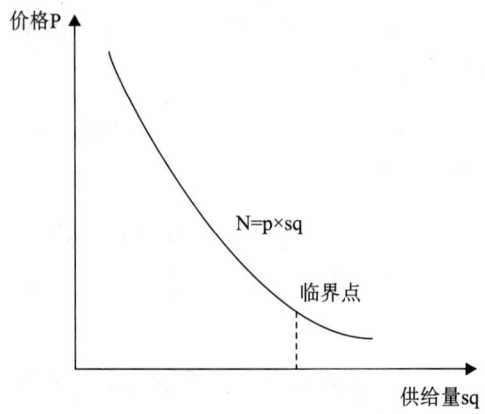

图 3-13　价格—供给量

从图 3-13 可以得知，如果当供给变得无限大，那么价格将无限接近于零。我们可以在现实生活中找到很多证据证明这一点。比如纸张，纸张在全球范围内的供给量是非常可观的，高供给量带来了较低价格的商品，像打印用纸，一张可能只要几分钱。再比如食盐，食盐的原材料主要来自大海，所谓取之不尽用之不竭，海盐经过提纯后可生产出食盐。由于市场上食盐的高供给量，尽管需求量巨大，食盐的价格依然能够维持较低的价格。

如果用 dq 来表示需求量，可以推导出需求量和价格之间的关系，如图 3-14。

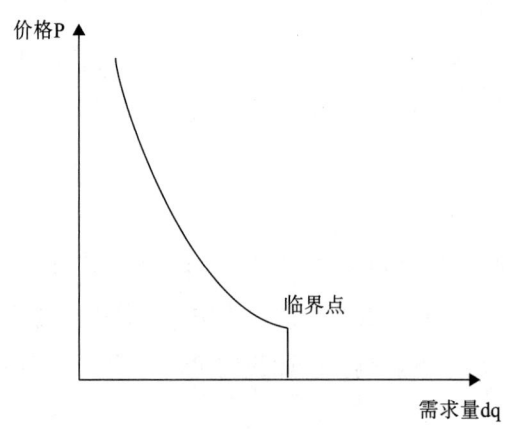

图 3-14　价格—需求量

第三章 价格理论

纵坐标代表价格,如上图所示,哪怕价格走低,需求量也不会上升,因为需求量已在临界值被满足。

现在,我们需要引入成本的概念。成本是价格中一个至关重要的因素,它决定了你在交易中能获得多少利润。结合成本的概念可以使我们的理论更可靠,并能更好地描述现实社会的情况。

假设市场上只存在一种商品,每单位商品的成本为 K,因此我们可获得的利润 S 可以表示为:

$$S = p - K = N/sq - K$$

我们可用图 3-15 表示。

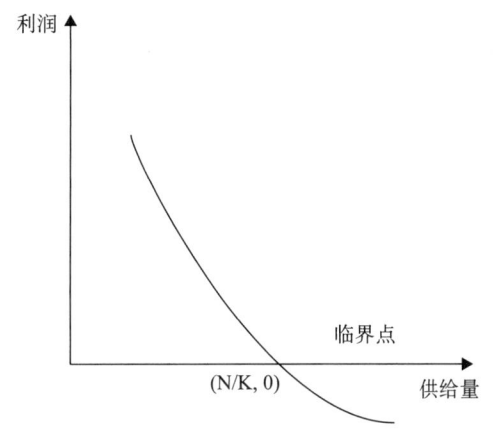

图 3-15 利润—供给量

如果 $S = 0$,$sq = N/K$。

于是,如果 $sq < N/K$,就会存在利润,即生产商能赚到钱;如果 $sq > N/K$,就会存在亏损,生产商就会亏钱;如果 $sq = N/K$,就不存在利润或亏损。

市场上的生产商都想要赚钱,即所谓的利己主义(这是现代经济学中一个基本假设,每个人都是利己主义者且会最大化自己的利益)。

如果总需求 N 是一个常量,在其他条件不变的情况下,其曲线及其函数都不会随时间的变化而改变。所以,我们可以看到供给量和价格的移动有如下特点:

(1)初始供给量为零。我们可以这样认为,这种商品的利润率很高,所以生产商愿意增加其供给量,也就是说供给量会持续增加,市场上的这类商品数量将持续增加。

(2)供给量持续增加的过程,即如图 3-15 所示沿着曲线右移,商品的价格将会下降,商品的利润将会越来越低。

(3)当供给量高于 N/K 时,我们可以看到商品的利润将为负数,因为价格很低,生产商将面临亏损。接着这些生产商中有的会减少该产品的生产,有的会离开这一行业,这个点就会沿着曲线向左移动,即意味着供给量将会下降。

(4)供给量将下降到某个低于 N/K 的值。

(5)当供给量减少至很低时,每单位商品的利润又再次变得很高,生产这种商品又变得有利可图。生产商们都纷纷投身于这个行业,市场上这一商品的供给量增加。

(6)经过这个过程,在到达临界点之前,需求量会等于供给量;在临界点的右侧,需求量会保持其最大值不变,因为需求已经被完全满足(见图 3-16)。

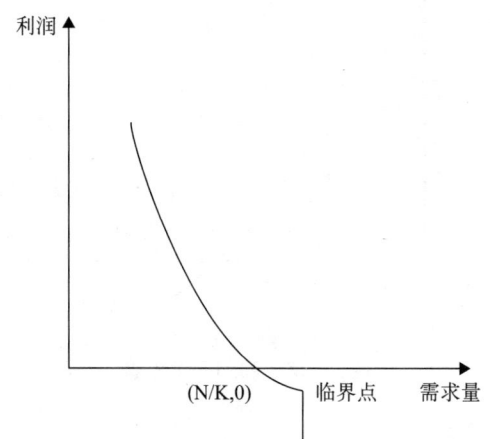

图 3-16 利润—需求量

记住这一点,在我们的讨论中,针对的是一个竞争性市场,所以当供给量增加的时候,很多生产商都在涌入这一有利可图的市场中。高度竞争性的生产使得商品的价格走低。而当供给量减少时,部分生产商会从行业中退出。

由此,可得出结论:供给量将会沿着水平轴临界点(N/K,0)作波动状态。接着便可推断出价格也将沿着垂直轴波动。

在现实生活中,更普遍的情况是当供给量比较大(但未超过 N/K)时,产品的利润就会很低,以致没有人想要生产这种产品,于是供给量便下降。

第三章　价格理论

需要澄清的一点是，N/K 不是均衡点。供给量并不会在 N/K 处停止不动。如果供给量的增长非常快速，那么它将很自然地超过 N/K 的值。如果供给量在 N/K 处停下，即生产商品无利可图，人们就会选择减少产出，于是供给量就会下降。

价格机制不是"看不见的手"，真正的"看不见的手"是人们对金钱和利润的渴望。如果没有利润，没有人想要生产这种商品。所以我们可以理解为什么有的生产商会选择薄利多销的方式，如果总利润比较高，那么就会有生产商愿意这么做，因为他们追求的是高利润而不是高价格。如果成本低廉，高价格通常也就意味着高利润。

这个移动并没有规律。真实供给量是难以确定的，它完全取决于生产商对于市场或需求的判断。或者我们可以换句话说，它完全取决于企业家的判断。如果企业家认为生产这一商品可以让他们赚取高额利润，他们就会大量生产这一商品。

从等式 $p = N/sq$ 可以得出，如果 sq 是随机波动的，那么价格 p 也将随意波动。

如图 3-17，假设 sq 在 $sq1$ 和 $sq2$ 之间波动，那么价格 p 就在 $N/sq1$ 和 $N/sq2$ 之间波动。这样看起来仿佛存在一个均衡点，但实际上均衡点并不存在，价格只是一种无序的波动。

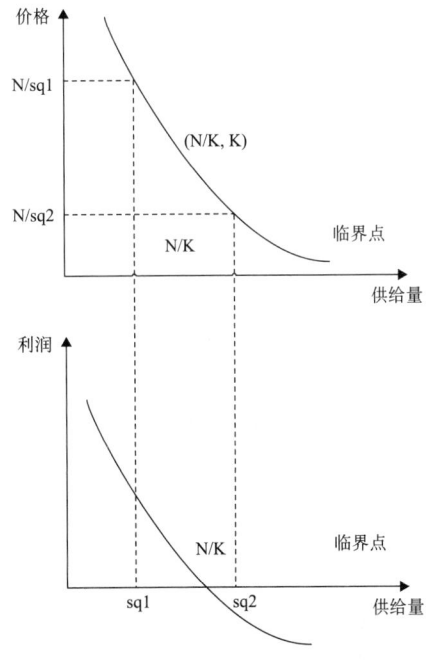

图 3-17　价格波动区间

我们还可以推断出如果 sq（供给量）很大的话，当扩大供给量从 sq 到（sq + d）时，我们可以用下式表示：

$$p = N/(sq + d)$$

这个 d 代表供给量的增量。

因为 sq 太大，d 远小于 sq，因此 d 对于价格的影响小到可以被忽略。这就是价格刚性的原因，即为什么我们经常可以在现实生活中看到价格很稳定，并且很难降价。这是因为商品的数量实在是太大了，小的增量不足以影响价格。所以对于生产商来说，减少产量以抬高价格提高利润比增加产量降低价格或利润要相对容易。也就是说，价格上升容易而下降难，这就是价格刚性的原因。

除此之外，在现实生活中，需求总是随时间而不停改变。这说明图中的价格供给量曲线和利润供给量曲线也总是随时间不停移动。如果我们考虑其他因素，比如通货膨胀，价格的波动便会变得更剧烈和频繁，所以价格是随机变动的。

接下来让我们将其扩展到更普遍的情况。

上述得出的结论是基于等式 $N = p \times sq$，这在真实的自由市场中不太常见，甚至可以说不太符合现实，因此我会推出一种更符合一般情况的结论。在之前的讨论中，我们知道了每当价格上涨，需求量就会减少；而当价格走低，需求量就会增加。所以需求量与价格之间是负相关。此外，当供给量尚不满足需求时，供给会决定需求，正如萨伊定律所说的那样。当供给超过需求后，供给量的增长不再改变需求量，后者将保持不变。所以我们知道供给量和价格也是一个减函数。这里我定义 N 为总需求，p 为价格，而 sq 为供给量。假设 N 为固定值，我们有等式可以描述 p 和 sq 之间的关系，即 $p = f(sq)$，$f(sq)$ 是一个减函数，$f'(sq) \leq 0$（一阶导数小于零）。如果我们增加供给量，价格会下降；如果我们减少供给量，价格会上升。记住我们的市场内还存在竞争，也就是说这个市场不是垄断市场，因此没有哪个销售商能独自决定商品价格。当供给量增加时，就意味着越来越多的销售商进入这个市场并参与竞争，同时提供更多的产品；当供给量减少，意味着一些生产商离开这个市场，于是竞争就变得不那么激烈了。

（这里我会用反函数的概念，比如 $p = f(sq)$，其反函数为 $sq = f^{-1}(p)$，因为 $f(sq)$ 是一个减函数，$f^{-1}(p)$ 也会是个减函数。）

第三章　价格理论

假设曲线如图 3-18 所示。

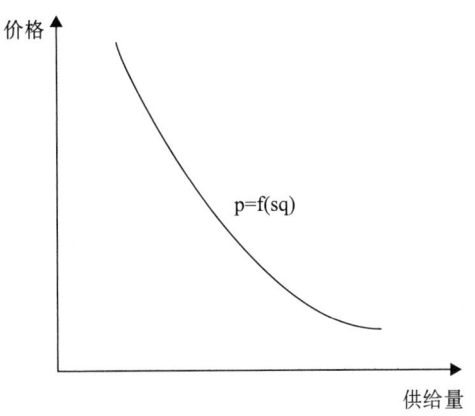

图 3-18　价格和供给量之间的一般关系

假设产品的生产成本为 K，我们可以得出利润—供给量关系式：

$$\text{Profit} = f(sq) - K = g(sq)$$

根据图 3-19，供给量的移动有如下特点：

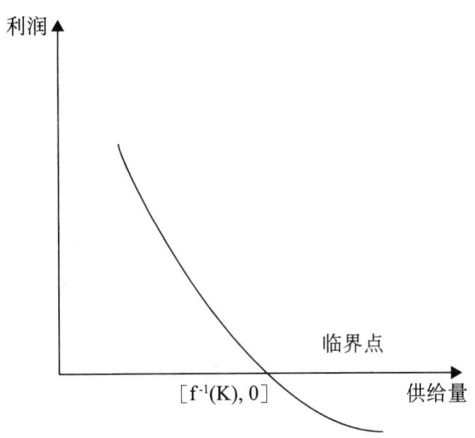

图 3-19　利润和供给量之间的一般关系

（1）初始供给量为零。我们可以这样认为，这种商品的利润率很高，所以生产商愿意增加其供给量，也就是说供给量会持续增加，市场上的这类商品数量将持续上升。

（2）供给量持续增加的过程，即如图 3-19 所示沿着曲线右移，这一商品的单位利润将会越来越低，商品的价格将会下降。

(3) 当供给量高于 $f^{-1}(K)$ 时（我们假设利润为0，也就是说 Profit = f(sq) − K = g(sq)为0值，我们有 g(sq) = 0，即 f(sq) − K = 0，根据反函数公式，我们可以得出供给量 sq = $f^{-1}(K)$ 时利润为0值的分界值），我们可以看到这一商品的利润将为负数，因为价格很低，生产商将面临亏损。接着这些生产商中有的会减少产品的生产，有的会离开这一行业，从而这个点会沿着曲线向左移动，即意味着供给量下降。

(4) 接着供给量将下降到某个低于 $f^{-1}(K)$ 的值。

(5) 当供给量减少至很低时，每单位商品的利润又再次变得很高，生产这种商品变得有利可图。生产商们纷纷投身于这个行业，从而增加了市场上这一商品的供给量。

(6) 经过这个过程，在到达临界点之前，需求量会等于供给量；在临界点的右侧，需求量会保持其最大值不变，因为需求已经被完全满足。

总利润将是成交量与利润的乘积（见图3－20）。

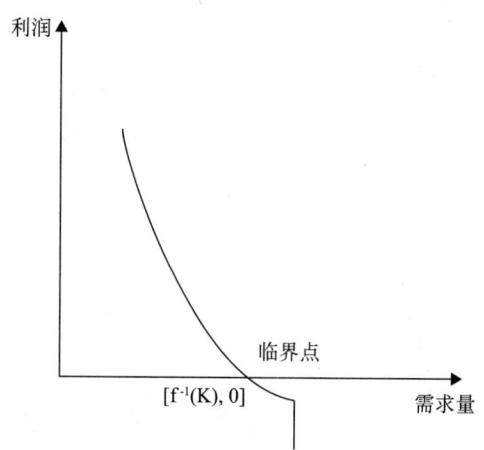

图3－20 利润和需求量之间的一般关系

总利润 Total profit ＝成交量 transaction volume × 利润 profit
　　　　　　　　 ＝ Min（供给量，需求量）× g(sq)

假设供给量 sq 是在值 sq1 和 sq2 之间波动，那么价格 p 将在 f(sq1) 与 f(sq2) 之间波动。这样看起来仿佛存在着一个均衡点，但实际上均衡点并不存在，价格只是一种无序的波动（见图3－21）。

第三章 价格理论

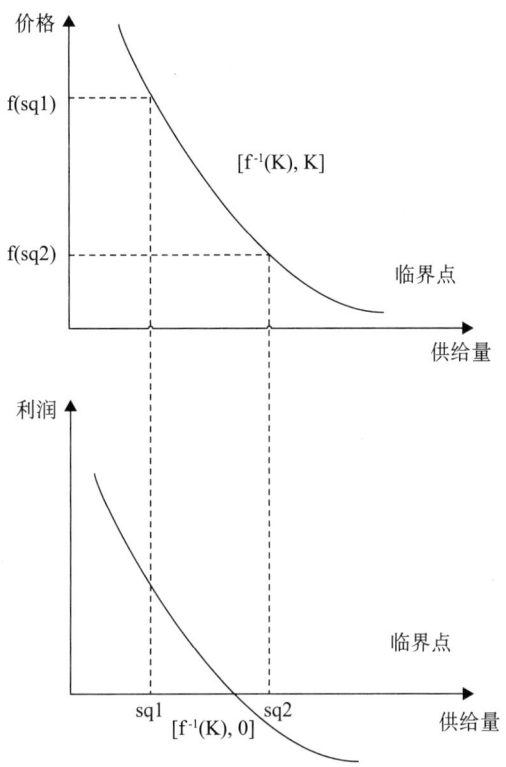

图 3-21 一般价格波动区间

点$[f^{-1}(K), K]$并不是一个均衡点,供给量并不会在$[f^{-1}(K), K]$处停止不动。如果供给量的增长非常快速,那么它将很自然地超过$f^{-1}(K)$的值。如果供给量在此处停下,即生产商品无利可图,人们就会选择减少产出,于是供给量就会下降。根据等式$p = f(sq)$,sq不存在一个均衡点,所以价格也不存在一个均衡点,它是无序波动的。

那么现在我们可以讨论一下最大利润。我们已知,一个商品的利润可以表示为:

$$利润\ Profit = f(sq) - K = g(sq)$$

同时:

$$总利润\ Total\ profit = \Omega(sq) = [f(sq) - K] \times 成交量\ transaction\ volume$$

如果假设在整个过程中,需求量等于供给量,那么我们可以得出:

$$总利润\ Total\ profit = \Omega(sq) = [f(sq) - K] \times sq$$

$$d(\text{total profit}) = d\Omega(sq) = f(sq) + f'(sq) \times sq - K$$

假设存在一个介于零至 $f^{-1}(K)$ 之间的供给量 sq_0，我们有 $d\Omega(sq_0) = 0$，对于 sq 介于 $(0, sq_0)$，$d\Omega(sq) > 0$，随着 sq 的右移，在此区间利润将会一直增加，对于 sq 介于 $[sq_0, f^{-1}(K)]$，$d\Omega(sq) < 0$，随着 sq 的右移，在此区间利润将会一直减少，因此我们可知 sq 为可使利润最大化的点。

这里我已经完成了我价格理论的构建，如果你对这个理论赞同的话，那么说明你也认为一般均衡和局部均衡理论是错误的，因为它们无法解释或代表这个真实的世界。

前文已证明某种商品的价格并不存在均衡点一说。除此之外，对于整个市场来说，每个商品的供给量其实总是在变化，需求也是。那么市场内每个商品的价格也永远是在变化。供给量有时高于需求量，有时供给量会决定需求量（萨伊定律）。

所以一般均衡理论是错误的，市场价格总是波动，而当发生生产过剩时，市场会自动调节并恢复。因为人们希望避免损失，所以会自动减少生产过剩的商品的供给量。在现实世界里，没有所谓的价格机制，而人们对利润的追求和规避损失的心理才是所谓的机制，也就是我们在第一章中所说的 PM "看不见的手"。接下来，我将描述价格和时间之间的关系，并会展示价格—时间图（见图 3 - 22），读者可以看到价格如何随着时间的流逝而改变。

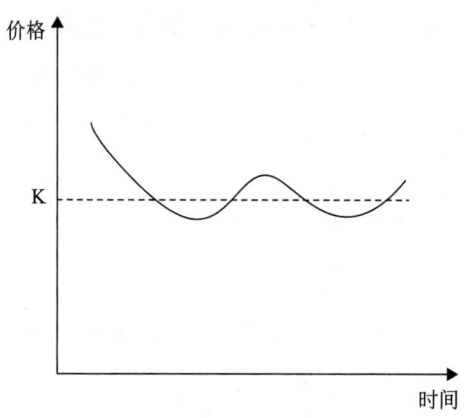

图 3 - 22 价格—时间

就如之前讨论的那样，一开始，商品的利润很高，所以生产商会争相来生产

第三章 价格理论

这种商品。于是,商品的供给量上升,价格随之下降,销售商品所获的利润减少。当利润低于零,即销售商品无利润,生产商就会减少生产,供给量下降,价格再度上升。所以,自由市场中的价格会随着时间随机波动。记住我们所关注的市场是一个高度竞争性市场,所以价格波动会接近于它的成本。

如果市场上存在管制价格,那么又会是什么情况呢?

有时候价格并不只是一个因变量,因其还会受到垄断市场或政府政策的影响。

在这里我们会用一个更现实的价格—需求图(见图3-23)来探讨这一情况。

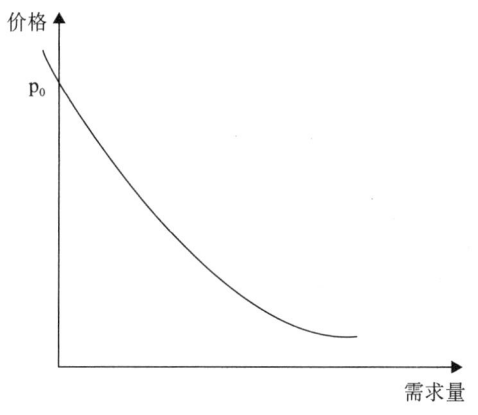

图 3-23 真实世界的价格—需求量

如果某商品价格高于 p_0,远远超过人们可承受的价格时,就没人购买,所以需求量为0。因为需求量为0,我们可得出总利润这时也为0。

正如我们之前讨论的那样,如果生产商从一个商品的销售中获利,必会有更大的热情去生产这种商品,反之亦然。所以我们可以用图3-24来展示生产商的生产热情与价格之间的关系。

(1)当价格低廉导致利润低下时,生产商生产这种商品的意愿不足。

(2)当价格走高,生产热情同样开始上升,因为销售变得有利可图。

(3)当价格高于临界值 p_0,如上文所说,因为超出人们的购买能力,所以需求量变为零。于是生产商也就兴趣索然,因为他们从中无法获得利润,生产商品的动机已不复存在。

接下来,我们通过图3-25来讨论政府管制价格下的供给量。

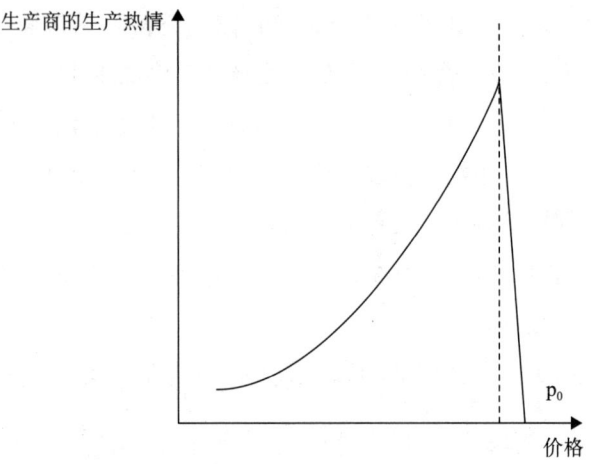

图 3-24 生产意愿—价格之间的关系

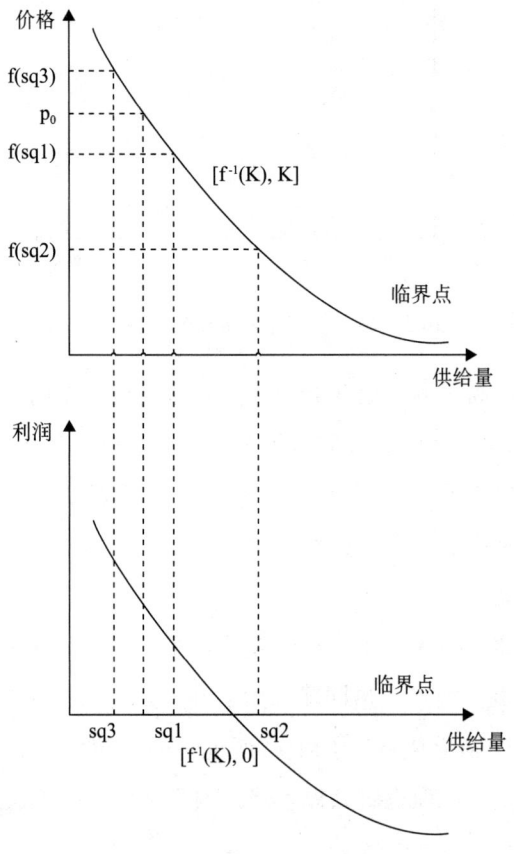

图 3-25 管制价格下的供给量

第三章 价格理论

（1）如果价格受政府管制于某一价格水平 f(sq1)，在这一价位上，生产商可获得丰厚利润，所以他们愿意增加供给量，而价格仍将保持在 f(sq1) 的水平，供给量却会继续增加。这是在垄断市场中会发生的情况，生产商囤积货物并将其高价卖出。

（2）如果价格受政府管制于某一价格水平 f(sq2)，在这一价位上，生产商销售商品不能获取利润，所以他们不愿意生产，而价格仍将保持在 f(sq2) 的水平，于是供给量就会减少甚至为零。

（3）如果价格为 f(sq3)，即高于临界价格 p_0，此时无人能负担起这一价格，那么供给量也会减少，甚至为零，因为生产这一商品变得无利可图。

我们可以找到一些事实来证明上述结论。

经济学家对另外一个不动产问题，即地方出台的租金管制法，也进行了仔细分析。知道如何获取选票却不知道如何谨慎管理的立法者，常常会通过有违经济常理的管制措施。20 世纪 70 年代，被乌托邦愿景迷惑的政府官员制定了租金法，目的在于通过限制房东的涨价能力，从而提供可以让人租得起的住房，有人称这种做法目标高尚，但方法拙劣。

理由很简单，租金法几乎总是造成住房的短缺。在租金低时，人们对住房的需求会增加。但是，租金管制法却在说服房东减少供给。开始时，你会认为一旦房东建好房子，他就别无选择只能出租。事实上，房东是可以减少供给的。他们可以在房子的维护和修理上马虎了事，或者将出租房改造成住户自由公寓、合作公寓、康复之家或商业办公场所。拆迁吊车的破碎锤是不会关心历史成本或沉没成本的。一项对美国城市的经济研究估计，供给的长期价格弹性为 0.20，它表明如果政府强制房东降低租金 10%，房东就会让 2% 的出租房退出租赁市场。长期来看，房东确实会改变出租房的数量，以此应对价格的改变。

1979 年，加利福尼亚州的圣莫尼卡市正式通过了美国最为严格的租金管制法。为了防止房东减少租房供给，该法强制规定：如果房东将出租单元改作他用或者拆除，则每减少一个单元，房东就要支付一笔款项，用来建设一

自由市场经济发展和货币流动理论
——货币旋转理论的研究

> 个新的出租单元。结果是房地产价格变得非常离谱,1 个空停车位卖到了 60 万美元,而 1 个相同面积的邻近公寓却要价不到 20 万美元。
>
> 难怪《福布斯》杂志如此报道:(1 个)被遗弃的小公寓楼,孤独地坐落在价值 50 万美元或更值钱的房屋旁边。破旧的出租单元与时髦的商店同在一条街上,而这些商店都是为富人和名人服务的,出售的东西从高档时装到汽车应有尽有。
>
> 即使房东不减少供给,他们也会通过向租户特别是新租户索要贿赂或"设施费"而变相提高房租。房东说:"公寓每月租金是 400 美元,但是百叶窗的费用为 1 万美元,这是你必须支付的。"[1]

当政府试图管控租金价格时,加州的房东就降低了供给量。同时房东试图从其他途径增加收入。这说明了一点,那就是利润是推动人们进入一切商业活动的因素。

那么,如果存在"凡勃仑效应",又会发生什么呢?

首先,我们来看什么是"凡勃仑效应"?凡勃仑效应即炫耀性消费[2],由著名经济学家托斯丹·凡勃仑在其名著《有闲阶级论》中率先描述。不同于马歇尔的需求原理,凡勃仑认为当一个奢侈品价格升高,其需求也会扩大,因为此类消费带有炫耀的目的,这种炫耀的心理扩大了对此类奢侈商品的需求。

所以凡勃仑效应描述了一种现象,即当价格上升时,需求也会上升。这是因为人们有一种内在的心理需求来炫耀他们很富有。他们想展示给大众他们比其他人富有,因为他们可以负担起昂贵的奢侈品。在这种情况下,我们的需求曲线会右移。与此同时,供给者会因为利润丰厚而扩大产出,而潜在需求量和供给量的最大值都会扩大,于是成交量也扩大了。

那当价格下降的时候会发生什么呢?因为人们的目的是炫耀他们有钱,如果用了低价的商品会让其他人认为他们穷了,所以商品的价格下降只会让人们对其需求下降。因此这时,N 就变小了,如图 3-26 所示。

---

[1] 《天才的回声:经济学大师与他们塑造的世界》,托德·布赫霍尔茨著。

[2] 《有闲阶级论》,凡勃仑著。

第三章 价格理论

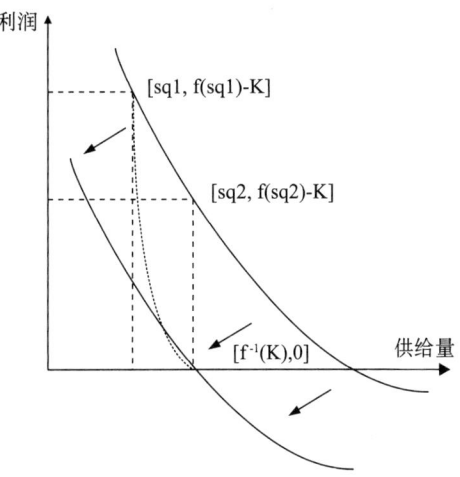

图 3-26 凡勃仑效应和价格变动一

从图 3-26 中可以看出，一开始供给量为 sq1，价格为 f(sq1)，接着生产商就扩大商品的生产规模，于是供给量增加，价格下跌。而在凡勃仑效应的影响下需求量也减少，即 N 变小。如我们前面的讨论所说，曲线会相应地向左下移动，因此利润为零的点也会左移。在实际的供给量达到或者超过利润为 0 点的供给量时，商人们开始减少这一商品的生产。这里我们讨论了凡勃仑效应的另一方面：当价格下降时，需求变少，那么市场就会比平时更快地达到利润为零的点。

那么如果价格下降，公众的需求却增加了呢？

如图 3-27 所示，当价格下降时，曲线会右移，同时利润零点也会右移，这说明市场需要更长的时间供给量才会到达零利润点。

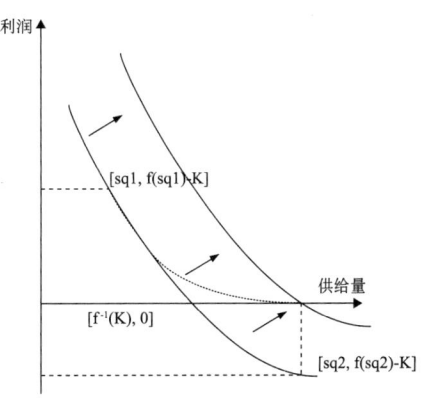

图 3-27 凡勃仑效应和价格变动二

接下来通过下面这个例子，来说明市场价格如何变动。

假设这是一个竞争性市场，市场上有5种商品，起初每种商品的需求（本章的需求指的都是整个函数关系，不同于需求量）均为2，且一直保持不变。需求、供给量和价格的关系是 $N = p \times sq$。另外，我们假设通胀率在这段时间内也保持不变。

市场上同时有许多生产商销售着不同的产品，假设每种商品的供给量起初均为2。

s0：我们设定 A、B、C 价格一开始均为1。

s1：基于生产商对市场的判断，一些生产商会开始销售更多的商品 A。假设 A 的供给量变为3，我们能得到 A 的价格会变为2/3。其他的商品维持为1。此时 A 的供给量已超过需求量，即发生了生产过剩。由于 A 的价格被压低，所以生产 A 商品的生产商的利润就会减少，他们就不愿意继续生产 A 商品了。

s2：基于生产商的判断，一些生产商会开始销售更多的 B 商品，假设 B 的供给量变为4，我们能得到 B 的价格会变为1/2。人们会生产更少的 B，因为 B 的利润变少了。假设市场上 A 商品减少到只有1的供给量，则价格为2。C 商品价格仍为1。

s3：基于生产商的判断，一些生产商会开始销售更多的 C 商品。假设 C 的供给量变为3，我们能得到 C 的价格会变为2/3。假设市场上 A 商品只有0.5的供给量，B 商品的供给量为1，那么，A 和 B 的价格分别为4和2。所以商品 A 和 B 的利润变多，且更多的人会去生产 A 和 B。

s4：假设市场上 A 商品的供给量为1.5，B 商品的供给量为2，且市场上有2个单位的 C 商品。A 和 C 的价格分别为4/3 和1。B 商品价格为1（见表3-1）。

表3-1　　　　　　　　　　价格变动表

产品	假设情形				
	s0	s1	s2	s3	s4
A	1	2/3	2	4	4/3
B	1	1	1/2	2	1
C	1	1	1	2/3	1

从这个分析中，我们可以看到市场上并不存在均衡点。

第三章 价格理论

价格是随机波动的，同时也不存在价格机制使得剩余供给和剩余需求彼此相等。真正推动生产商生产的是他们想要赚钱的欲望，这才是真实的机制。同时，市场上存在一个利润为零的状态，但这个状态非稳定状态且市场并不会停止于此。

基于企业家对市场的判断，他们会决定各自产品的供给量，这是一个不可预测的变量。另外，市场上的需求受到多种因素的影响，总在变化。所以需求也是一个不可预测的变量。因此价格是不确定的，总是在变化之中。

在结束我的价格理论讨论后，我还会针对加班给出一个结论。许多老板想要员工多加班，但实际上加班并不能为其公司增加更多的收入，甚至有时可能引起公司收入的减少。如果市场对此商品的需求量比较小，而需求量会决定真实的成交量。因此即使很多员工加班，生产出了更多的产品，这些产品也因为需求不足而无法销售，甚至会压低售价从而导致营业额减少。那么公司的总收入就不会增加，甚至可能出现生产过剩，最终导致公司的总收入减少。更坏的情况是，当社会平均工资较低时，很可能会导致更严重的生产过剩，因为社会平均工资过低，人们购买能力不足，生产出的商品卖不出去。所以有时加班并不会让收入变多。

第四章
薪酬理论

基于上一章的价格理论，本章将讲述的是我的劳动力市场薪酬决定理论。在本章中，我会讨论在不同情况下薪酬的决定因素。当然，就像价格理论一样，在我的理论中，薪酬也是可以波动的，但鉴于现代社会中雇佣合同的存在，薪酬在员工雇佣期间是较为稳定的。

薪酬机制是一种行业与求职者之间的互动机制（见图4-1）。它处于PM层面，薪酬与就业紧密相关，薪酬可以决定你的雇主是否想要雇佣你或者你是否想要离开雇主。我们在接下来这一章里会详细讲述。

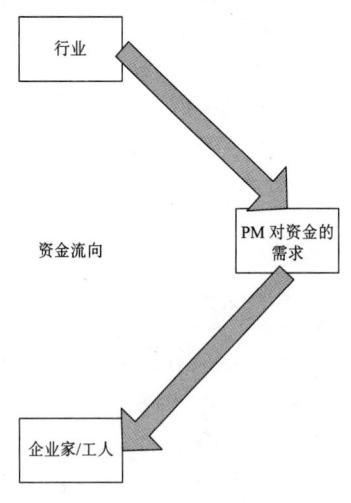

图4-1 薪酬机制的定位

第四章 薪酬理论

在传统经济学科中,经济学家相信劳动力市场可以自行调整使其处于均衡和充分就业的状态。这里的均衡与我们在之前章节里提到的是同一概念。经济学家认为在一个自由市场中并不存在需求短缺,所有人最终都会找到工作;供求能达到平衡,所有的商品都能售卖出清。这个观点基于萨伊定律,即"供给能创造它自身的需求"[①]。然而,这个主张在经济大萧条时期被证明是完全错误的,因为在那个时期有太多商品滞销。而在本章节,我们将详细论述作者提出的劳动力市场薪酬决定理论。

在劳动力市场,供给方是市场上的求职者,需求方是公司能提供的职位,同时公司为被雇佣者支付薪酬。在本章节的讨论中,为简化起见,在其他条件不变的情况下,我们假设不存在通货膨胀,只有需求、需求量、供给、供给量以及薪酬等变量。鉴于全市场上有许多公司为找到心仪的雇员而互相竞争,同时也有众多满足岗位要求的求职者为找到心仪的公司而互相竞争,而我们讨论的问题限于局部市场,即在此只针对一种工作职位进行讨论,不管是律师职位还是软件工程师的职位。我们唯一关心的是是否有关于薪酬变化的定律。还有另外一个假设,即所有人都能胜任这一种工作,每一个人能成功通过面试并得到工作的可能性是相等的。简言之,每人有同等机会被雇佣。首先,让我们来讨论一下劳动力市场中的供求关系。

对某种特定工作职位来说,如果已知所有公司能提供的这一岗位数量大于市场上这一岗位的求职者,那么我们可以得出对求职者的需求是非常旺盛的,即所有的求职者都能找到工作,并且求职者的数量决定了实际的职位数量和实际的就业人数。即萨伊定律所说的,供给创造了其自身需求。反之,如果求职者数量大于公司能提供的岗位数量又会发生什么呢?我们可以推断出实际的就业人数会取决于公司能提供的岗位数量,即劳动力市场的需求量会决定劳动力市场的实际就业数量。在劳动力市场中,如果需求量大于供给量,会呈现充分就业的局面;如果需求量小于供给量,会出现失业现象。

让我们总结一下上述分析:

如果劳动力市场的供给量较需求量小,前者决定实际的就业数量;反之,则后者决定实际的就业数量。如果劳动力市场供给大于需求,会出现失业;反之,

---

① 《就业、利息和货币通论》,约翰·梅纳德·凯恩斯著。

则为充分就业的情况。

图4-2展示了劳动力市场中的供求关系。

在下面的讨论中,我们假设没有任何因素会影响劳动力市场的需求量d,在市场中,它一直保持不变。

给定需求量d(d>0)(d为市场上所有公司同时最多能提供的这一岗位的数量),我们能得出图4-2。

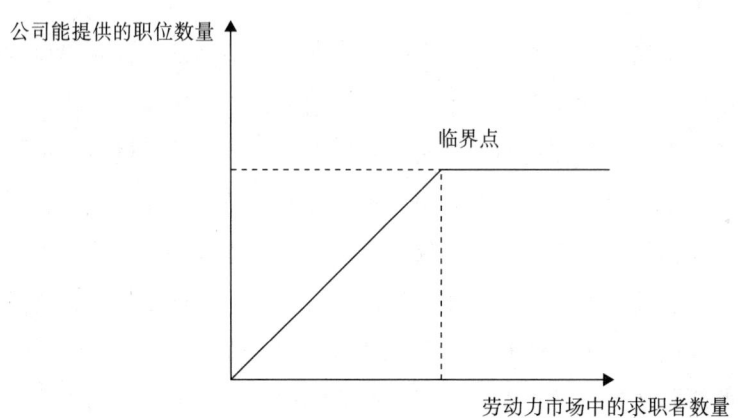

图4-2 就业数量

当公司提供的职位数为d(d>0),我们逐一从零增加这一职位的求职者。当求职者数量小于职位数时,求职者数量会决定最终的就业数量。当求职者增加时,就业人数也会增加。当求职者数量超过d值时,需求量成为两者中的较小值,随之会决定最终的就业数量。也就是说,实际的就业人数会维持在d值,并且不再随着求职者的增加而上升。于是,当劳动力的供给大于需求时,失业也就此产生。

在后面的论述中,我们假设没有任何因素会影响求职者的数量s,在市场中,它一直保持不变。

给定求职者数量s(s>0),我们能得出图4-3。

当劳动力市场有s个求职者时,我们逐一从零增加这一职位的需求量。当职位数量小于求职者数量时,职位数量会决定最终的就业数量。当公司提供的职位数量增加时,就业人数也会增加。当职位者数量超过s值时,求职者人数成为两者中的较小值,随之会决定最终的就业数量。也就是说,实际的就业人数会维持

第四章 薪酬理论

在 s 值，并且不再随着职位数量的增加而上升。

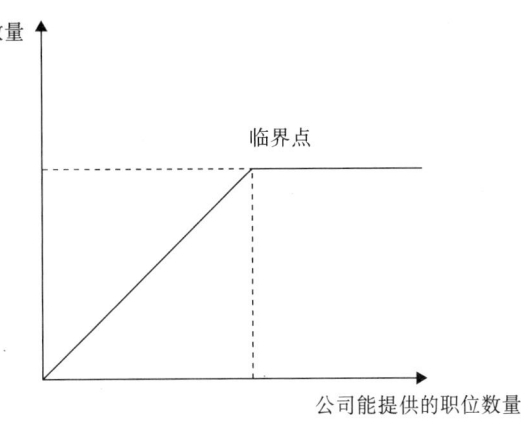

图 4-3 就业数量

在这里，在劳动力的需求量达到 s 值之前，劳动力需求量会决定供给量。这时的市场会出现失业的情况。当需求量超过 s 之后，劳动力供给量会决定需求量，此时的市场是充分就业的。

综上所述，我们很容易得出，为了避免出现失业的情况，我们最好能扩大职位需求量并使之持续大于劳动力供给量。

再继续往下看，我们可以得出薪酬—供给量关系理论。

在真实世界中，我们很容易注意到如果求职者们对一个特定职位竞争激烈，那么这一职位能支付给每个求职者的薪酬会变低；如果一个工作很难找到求职者，那么付给求职者的薪酬会变高。由此可得知，劳动力市场供给和薪酬之间的关系是一个减函数，可用以下公式表示：

$$薪酬(S) = f[求职者(N)]$$
$$S = f(N)$$

用图 4-4 来展示薪酬与劳动力市场供给量之间的关系。

从图 4-4 能很直观地看出，如果求职者人数增长，职位薪酬会减少。这是因为不同求职者之间会有竞争存在，从而使得薪酬降低。激烈的竞争会使求职者得到的薪酬越来越低。

如果在劳动力市场中，所有公司对某种职位的劳动力有着更高的需求量，即劳动力市场上的需求量变高，我们可以得到图 4-5。

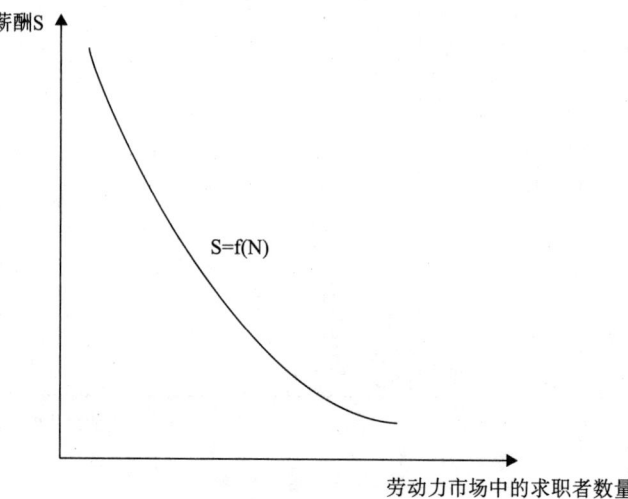

图4-4 薪酬—劳动力市场供给关系图

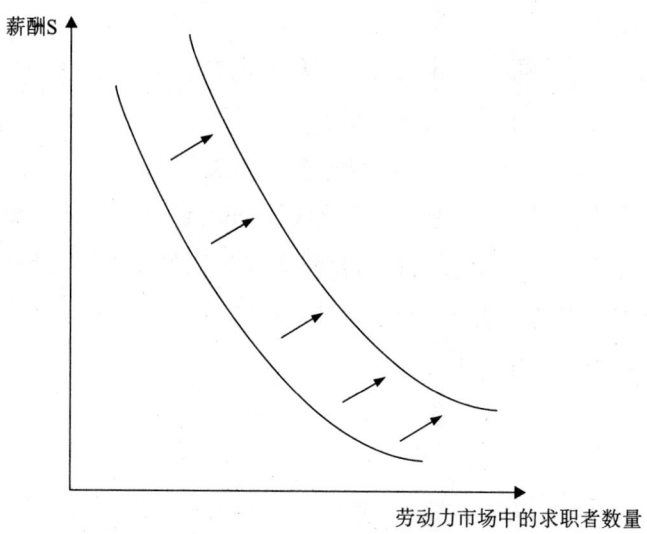

图4-5 在更高需求量下的薪酬

图4-5中的曲线会较图4-4中的曲线向右上方移动。

如果所有公司对于某种职位劳动力的需求量降低,即劳动力市场上的需求量变小,那么我们可以得出图4-6。

第四章 薪酬理论

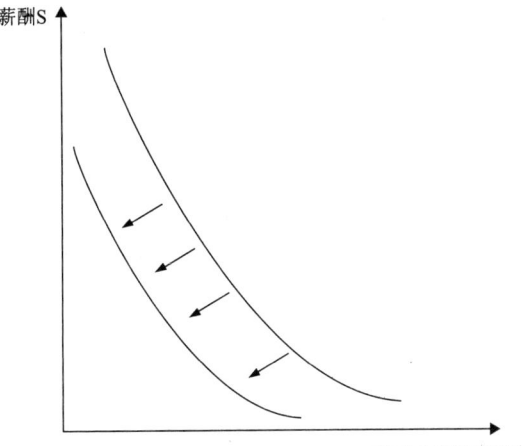

图 4-6 在更低需求量下的薪酬

图 4-6 中的曲线较图 4-4 中的曲线向左下方移动。

接下来进入我的薪酬理论的介绍。首先要引入一个概念,即人们对薪酬的基本要求。

我们都知道每一个求职者都会对薪酬有基本要求,我们假设对薪酬要求基线的数值为 b,如果公司支付的薪酬低于这一基线,求职者很可能会尝试找另外的工作或者干脆换个行业。当然,每个求职者对于基本薪酬的要求有着不同的标准和期望,为了简化讨论,我们假设所有人对薪酬的基本要求都一致,或者可以理解为我们取的基线为劳动力市场上求职者对薪酬的基本要求的平均值,即 b。我们可以将 b 代入图 4-4 中,以此得到图 4-7。

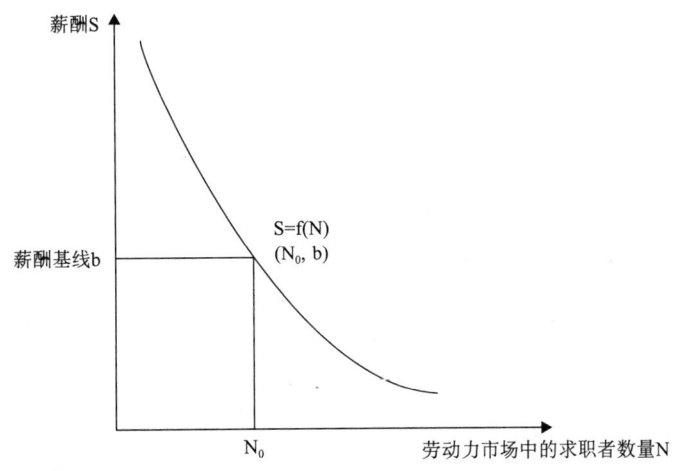

图 4-7 薪酬基线

那么，劳动力市场的薪酬是如何波动的呢？为理解这一问题，我们先来讨论一下薪酬波动的过程。

从我们之前的讨论中可以得知，如果薪酬低于基线b，一旦人们有其他的选择就不会做这份工作，他们会换其他工作或者离开这个行业去寻找能支付更高薪水的工作。

考虑到劳动力市场的求职者想要赚钱，并且是自利性的（这是现代经济学理论中的一个基本假设），他们会追逐更高的薪酬。

如果公司对某种工作的总需求（S和N的函数关系）为L，且在其他条件不变的情况下，在我们的讨论中，将维持为一个常数（即劳动力需求曲线不会移动）。那么，曲线上的点将会这样移动（见图4-8）：

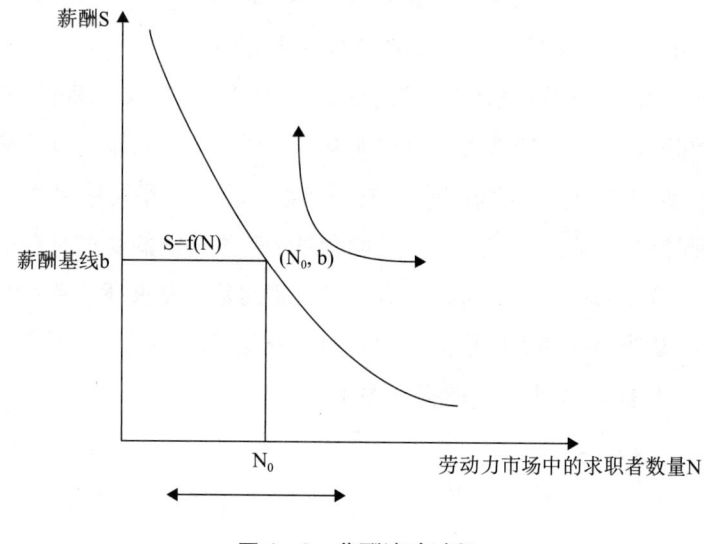

图4-8 薪酬波动过程

（1）假设初始供给量为0，意味着此行业中没有一个求职者。公司为了吸引人们前来求职，将会为求职者开出很高的薪水，于是很多求职者就会前来投身于这一行业，于是行业内的求职者数量就会不断增加，竞争也会越来越激烈。

（2）在求职者数量增加的过程中，公司为每一个同工种的工作岗位支付的薪酬就会下降，即薪资降低。

（3）当求职者的数量超过N_0时，我们可以看到这种工作的平均薪酬已低于

第四章　薪酬理论

基线 b，此时的薪酬太低以致无法满足求职者的基本要求。所以求职者不会继续寻求这种工作职位，转而会寻找其他工作机会或是跳去其他行业，于是劳动力供给量会下降。

（4）求职者数量会随之下降到低于 N_0 点的数值。

（5）当求职者数量降至一个很低的点，此工作职位的薪酬会再次变得很高，求职者将再次加入对这一工作职位的竞争中。

综上所述，我们可得出结论，求职者的数量会在水平轴上的点（N_0，0）附近波动，由图4-8可推测薪酬会于垂直轴上的点（0，b）附近波动。

在真实世界中，不同人对于基本工资水平的判断标准不同。同时，对同一个人来说，基本工资的标准也会发生变化。比如说，如果人们在工作期间获得了更高的在职学历，或者是达到了更高的职业水准积累了更多的工作经验，这些人会提高自己的薪酬基线的标准，所以一直都会有人在工作中途选择跳槽去其他公司以寻求更高的薪水。除此之外，在现代商业社会中，薪酬并非影响求职者离职的单一因素，还会受到其他因素比如福利、利益、股权等的影响。

接着我们要澄清的一点是点（N_0，b）并不是均衡点，求职者的数量并不会静止于 N_0。如果劳动力供给量增长速度过快，必定超过点 N_0。如果供给量在此点静止，那么 b 值作为人们对薪酬基线的平均要求，求职者数量会下降。

那么再让我们讨论下，薪酬为什么是刚性的？这是因为薪酬不会变得非常低。相比降低薪酬来说，提高薪酬会更容易一些。如果薪酬太低，求职者会离开这个岗位，于是劳动力供给量变低，随之薪酬就会再次升高。所以我们观察的现象是薪酬容易上涨而难以下降。另外，还要关注以下问题：

（1）因为现代社会广泛使用合同，在企业决定雇佣求职者后往往两者会签订雇佣合同。于是在合同规定的雇佣期间，薪酬水平基本保持一致。这就是为何求职者一旦被雇佣其薪酬就很难变化的原因。但因为人们对薪酬基线的标准会有所变化，所以雇员有可能会因为希望获得更高的薪酬待遇而跳槽去其他公司或行业（见图4-9）。

从图4-9中我们可以知道，如果薪酬相当高的时候，许多求职者会被吸引前来求职，求职者此时抱着极大的热情投身于这个行业；反之，亦然。

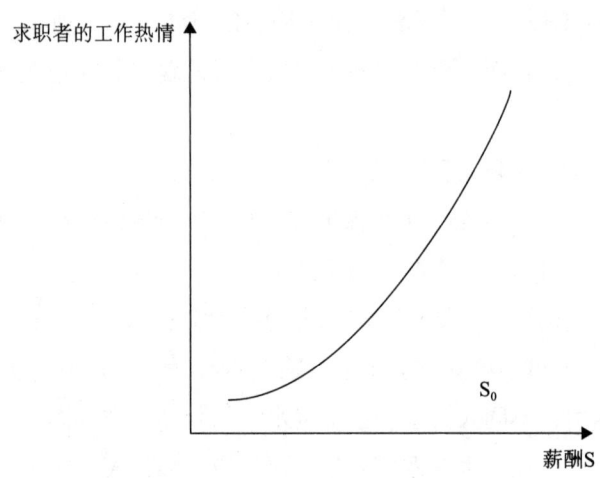

图 4-9　求职者工作热情与薪酬的关系图

（2）因为一些公司可能是行业内的大公司甚至是垄断公司，他们可以自行决定薪酬及提供的职位数量。那么如果薪酬是受管理决定的，或者说薪酬是公司自行决定的，会出现什么情况呢？

从图 4-10 中，我们能很容易看出，如果由公司决定薪酬水平为 b1，那么求职者会很迫切地想得到这一工作，就可能会出现僧多粥少的局面。因为真实的就业数量取决于公司提供的职位数量与求职者中的孰小值，而在此薪酬水平上，求职者数量很可能超过职位数量，即此时，这一职位的劳动力供给量将超过需求量。

而如果由公司决定薪酬水平为 b2，从图 4-10 中可见，这是一个很低的薪酬水平，并不能满足一个人对薪酬的基本期望值，人们就会而寻找其他工作或是进入其他行业。那么，求职者的数量有可能会减少至很低的水平甚至为零。而真实的就业数量将是公司提供的职位数量和求职者数量中的孰小值，此时职位数量将大大超过求职者数量。那么此时这一行业中的求职者人数极少，或是人数为零。以上就是对于受公司决定薪酬下的劳动力供求变化的讨论。所以在真实的市场经济中，往往会出现高薪酬职业供过于求，而低薪酬职业会供不应求的情形。当然，在现实社会中，有一些人没有任何的谋生技能，找不到更好的工作，为了生存，他们还是会忍受极低的薪酬，选择薪酬水平为 b2 的工作，所以在薪水为 b2 时也是会有求职者的。

第四章 薪酬理论

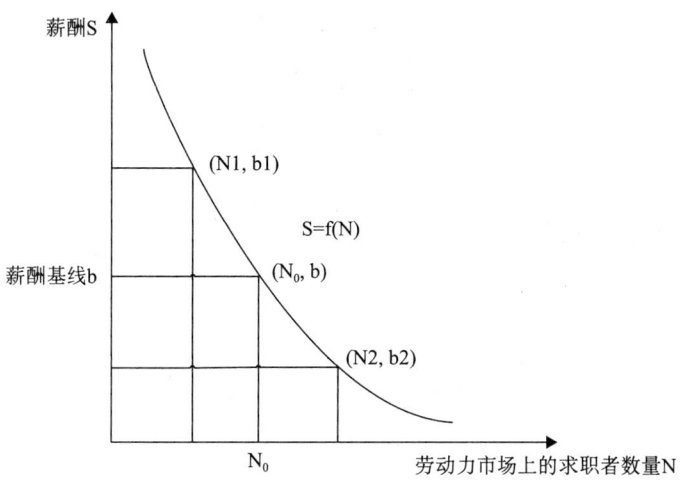

图 4-10 薪酬受控的情形

这就像我们有时会在新闻中看到的,我们国家的一部分尖端高科技人才薪酬待遇比较低,一旦有机会,他们就离开该行业甚至离开这个国家,比如去金融公司甚至去美国去追求更高的薪酬待遇水平。他们是因为受到财富欲望的推动,或者可以用 PM 代替。如果该尖端高科技产业的劳动力供给量变得很少,高科技产业的就业数量将由该行业劳动力供求量的孰小值也就是供给量决定,所以真实该行业的就业数量将非常低,常常找不到达标的人才,有时只能降低标准招一些普通的人才。由于一些尖端高科技人才离开了这个行业甚至离开了这个国家,那么该国尖端高科技产业的发展将会丧失活力与创新,生产出的产品没有办法与外国该产业竞争。所以从这个方面来说,不付高科技人才该有的薪水很可能会让整个国家的尖端科技行业落后于外国,甚至进一步导致该国这个高科技产业的没落。这个结论对于其他很多需要专业技能及训练的劳动力的行业来说也是适用的。

第五章
雇佣理论

在本章中,我将主要讨论就业和失业的现象。作为一个重要的社会现象,能否就业意味着一个人是否可以有收入来满足其基本生活需求,每一个家庭也都需要基本的收入来支付各种花费或者可以说家庭的基本需求。除此之外,从宏观的角度来说,就业和失业可以决定这个国家富裕与否。收入的来源多种多样,对于有的人来说,他们的收入来源是工资,他们辛勤工作创造社会所需要的商品与服务;有些人的收入则是直接来自他人,如来源于慈善组织或是直接借款;还有人的收入是来自社会福利或者说转移支付。转移支付是政府将征收自普通人的税收的一部分转移给没有收入群体的一种做法,通过这种方式,这部分人得以生存下去。要澄清的一点是,上述的第二和第三种收入来源情况将不在本章讨论的范畴,我们要讨论的是第一种收入情况,即人们找到工作并向社会贡献产品和服务。在这种情况下,人们能否找到工作决定了他们是否能获取收入。

首先我们来看传统劳动力市场理论。传统理论认为需求和供给会自动平衡至彼此相等,从而产生一个均衡点,这个点即表明供给量等于需求量,同时这个点的工资被称为均衡工资。下面用图 5-1 来描述传统薪酬理论中的这方面内容。

在传统经济科学中,人们认为有两条曲线,一条称为 DD,表示劳动力市场的需求曲线;另一条称为 SS,是劳动力市场的供给曲线。这听起来很可笑,人们居然相信在均衡点(N_0,W_0)处需求等于供给,同时达到充分就业。如果需求和供给曲线还是图中所示的 DD 和 SS 这样,但市场上的劳动力数量远远大于

第五章　雇佣理论

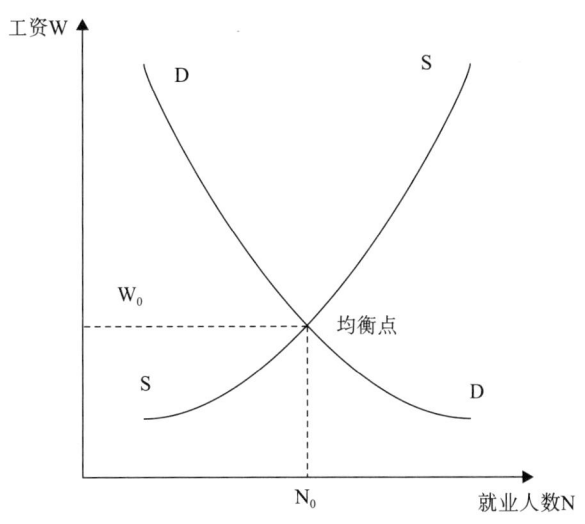

图 5-1　传统薪酬理论

N_0 值，会出现什么情况呢？在劳动力数量远超均衡点 N_0 时，两条曲线会如何调整以达到均衡呢？在这种情况下一定会有人找不到工作的，对吧？[①]

在对传统的劳动力市场理论有了基本了解以后，我们继续接下来的讨论。很明显，如果劳动力需求扩大了，全市场的公司会提供更多的工作职位。我会以一种不同的方式来重新阐释上面提及的传统劳动力市场理论的结论。不过在进入我的理论之前，我们先来看看传统理论是如何发展的。一些经济学家对原有的传统理论进行了修改以解释失业的现象。在他们之中，特别是凯恩斯认为劳动力市场无法自动地到达一个充分就业的状态，因为需求经常是不足的。

在新古典经济学的劳动力理论中，是如何运用政策来使劳动力市场达到充分就业呢（见图 5-2）？

如果就业人数为 N_0，那么劳动力市场不处于充分就业的状态。公司需要扩大对劳动力的需求，那么需求曲线会右移，同时均衡点也会向右上方移至 N_{full} 点，此时市场将达到充分就业状态。

这就是传统理论的观点。它声称如若想达到充分就业状态，政府应该扩大市场需求，而公司需要更多劳动力来满足这个需求，因此会向劳动力市场提供更多

[①]《就业、利息和货币通论》，约翰·梅纳德·凯恩斯著。

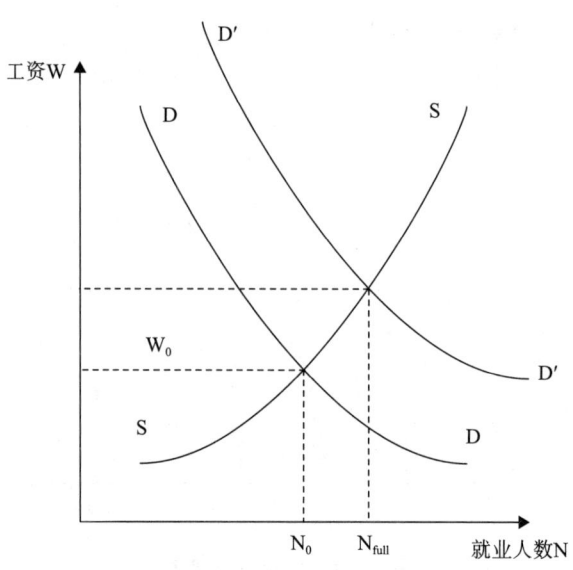

图 5-2 修改后的传统薪酬理论

的工作岗位。①

接下来,我们需要再次回顾一下在最初两章中曾经提到的对资金流向的研究。

在第一章中,我们讨论过资金流的流动过程。我们将整个经济体看作一个整体,以便于我们得出下面的结论:

在自由市场内部存在着一个反馈机制。当收入较高时,人们很容易在手头积累资金,也就更容易花钱出去。而如果人们在日常生活中并不爱储蓄,即生活并不节俭,则生活支出会相对高企。这部分支出和花销将再次在市场上转化为收入,有可能比之前的收入更高,于是市场上的所有参与者可以花费更多的钱。很显然,这个反馈机制是正向的,人们会持续获得更高的收入以及支出更多的花销(见图 5-3)。

同样,在自由市场内部也存在另外一个反馈机制。当收入较低时,人们很难存下钱来,所以他们就不愿意花钱。正因为他们手头并不宽裕,所以在日常生活中不得不更加节俭,也就是说支出花费会很低。因为支出的钱会再次变成收入,收入总量可能会变低,于是市场上所有的参与人能支出的花销也变少了,人们变

---

① 《就业、利息和货币通论》,约翰·梅纳德·凯恩斯著。

第五章 雇佣理论

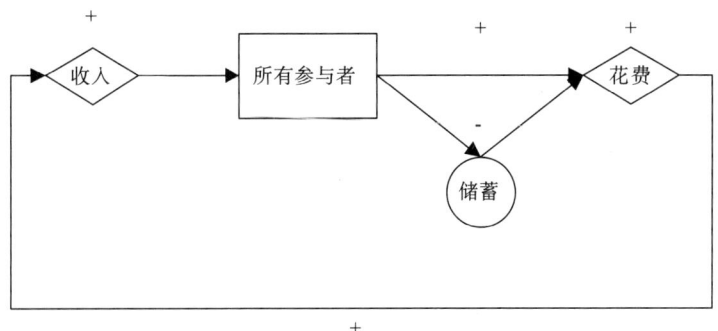

图 5-3 正反馈

得越来越穷。这就是所谓的负反馈机制（见图 5-4）。这时资金流动的速度也会变得越来越慢。

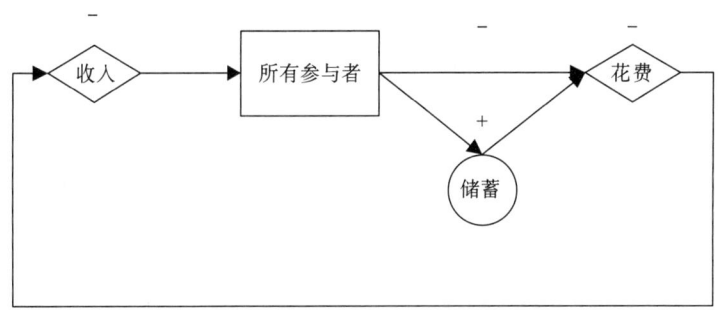

图 5-4 负反馈

从之前的分析中可以得出，在经济体运转过程中存在两个基本的资金流，即正反馈和负反馈。在这里我将再引入另一个机制，即统一状态机制。统一状态机制是笔者本人建立的一套模型，以用来更好地解释我的理论。这个机制处于正负两个反馈之间，引入这一机制的目的在于区分负反馈与正反馈。因此很明显，在真实世界中，除了正反馈和负反馈两种机制，在自由市场上发生的所有其他状态都是以上正、负反馈两种机制的组合或是再加入统一状态的组合。

接下来，我们来建立反馈机制的模型并用资金流来测试这一过程。

我们将全薪酬这一概念定义为在单位时间内市场上的所有行业支付给个人的所有薪酬（包括给工人的薪酬和给企业主的薪酬）；将全消费定义为在单位时间内市场上的所有人（包括个人和企业或行业）从各行各业购买的商品和服

务。我们这里谈及的都是单位时间内的资金流量,所以上述这些都是流量变量。

在这里我们还要引入两个概念,分别是统一全薪酬(用 UTS,即 Uniform Total Salary 表示)和统一全消费(用 UTC,即 Uniform Total Consumption 表示)。这两者是决定了整个市场所有个体和行业富裕与否的关键点。引入 UTS 和 UTC 的目的是用来区分其他两种状态(正反馈和负反馈)的特殊情况,它们是临界值。在 UTS 和 UTC 上,人们不贫穷也不富裕,刚能维持正常的消费习惯。考虑到一个前提条件:富裕的人们(或行业)倾向于花更多的钱,而贫困的人们(或行业)选择尽量不花钱。因此,我们得到如下三种状态:

(1)假设统一的全薪酬是 UTS、统一的全消费是 UTC,我们就称这个状态为统一状态(用 US,即 Uniform State 表示)。在这种状态下,行业的整体利润并不会改变,真实的全薪酬不会改变,而真实的全消费也不会改变,因此这个闭环依然持续流转不会有任何改变。同时,闭环中资金流的流动速度和流动量也不会发生改变。(这里我们假设没有其他因素会干扰这个状态。在现实中,这个状态很容易被打破,所以其实它并不是一个稳定的状态。)

(2)正反馈。假设真实的全消费(RTC,即 Real Total Consumption)是大于 UTC 的、真实的全薪酬(RTS,即 Real Total Salary)是大于 UTS 的,我们会发现全行业的利润将会增加,那么行业就可以提供更多的职位或支付更多的薪酬,所以真实的全薪酬会增加。全薪酬的增加会使个人手头上的资金增加,从而使得真实的全消费进一步增加,而且在闭环继续循环的同时,RTC 和 RTS 也持续增加,直到达到生产力的最大值。资金的流速也在循环中持续增加,人们越来越富裕。

(3)负反馈。假设 RTC 小于 UTC、RTS 小于 UTS,我们会发现全行业的利润将会减少。那么行业就会削减职位或支付更少的薪酬,所以真实的全薪酬会减少。其减少会引起个人手头上的资金减少,从而导致真实的全消费进一步降低,而且在闭环继续循环的同时,RTC 和 RTS 也在持续降低,直至一个非常低的水平,仅仅可以维持市场上人们的基本需求。资金的流速也在循环中持续减慢。但是,因为人们需要消费生活必需品,如食物,所以资金的流动并不会停止。

第五章　雇佣理论

那么，如果真实的情况是下面这样的呢？

①RTS＞UTS，同时 RTC＜UTC（真实的全薪酬大而真实的全消费小）。

②RTS＜UTS，同时 RTC＞UTC（真实的全薪酬小而真实的全消费大）。

正如我们之前讨论的那样，这两种情况只是由正反馈、负反馈和统一状态的分别组合形成的。我们将在后面的章节里回答这两个问题。

从上述的分析中，我们可以知道市场中资金的运动是一个循环，所以这个循环是有可能被打断的。假如市场上的资金流被打断了，我们可以猜想到一场经济危机很可能就要发生了。

这里我设置了两处阈值点，这两个点对于市场上资金的循环流是否被打断至关重要。

（1）临界全薪酬 p_0。当 RTS 低于 p_0 时，付给个人的薪酬无法充分满足其消费能力，RTC 也不够大。此时，行业的利润有限，所以行业会削减职位甚至破产。循环因此被打断。在此薪酬点 p_0，资金无法按照前述的循环在经济市场中流通，经济危机就会爆发。

（2）临界全消费 c_0。如果 RTC 低于 c_0，那么没有足够的资金流从个人流向行业，所以行业也无法得到足够的收入，所以会削减职位甚至破产，这就意味着从行业到员工的资金流也断了。因此如果 RTC 低于此消费点 c_0，整个市场也会陷入经济危机。

总结一下，p_0 和 c_0 是两个无法使资金流继续循环的点，也是导致经济危机发生的点。

读者应该注意的一点是，RTC、RTS、p_0 和 c_0 都是流量变量，它们均是在单位时间内衡量的变量。

在第二章中，我们知道了需求量和供给量中较低的一方会决定另外一方。那么想要达到充分就业，我们就需要更多的工作岗位。只有工作岗位超过求职者的数量时，每个求职者就都能找到工作，于是就不会出现失业的情况。同时，为了能够提供更多的工作岗位，真实的全薪酬要足够大，因此真实的全消费也要足够大。

通过图 5-5，我们再来回顾一下之前的薪酬理论。

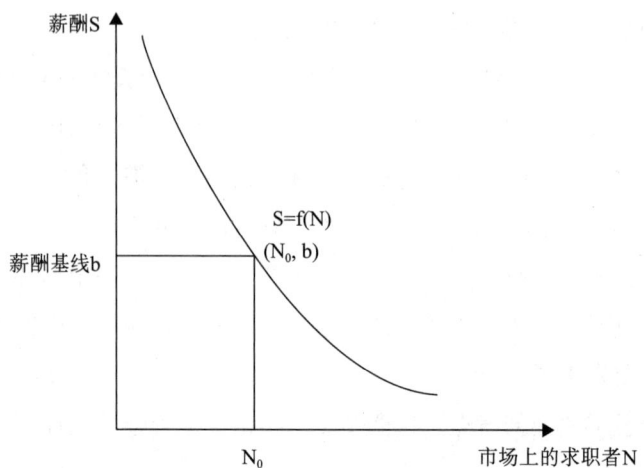

图 5-5 旋转理论下的薪酬理论

考虑到劳动力市场上的求职者想要赚钱，并且是自利性的（这是现代经济学理论的一个基本假设）。

如果公司对特定工作的劳动力需求量为 L，且在我们的讨论中 L 保持恒定。在其他条件不变的情况下，在曲线上的点将会如下移动：

（1）为初始供给量为 0 时，我们可以看到这个职位提供了丰厚的薪资，那么会有很多求职者投身于此行业，于是此行业中的求职者会增加。

（2）在求职者数量增加的过程中，求职者对职位的竞争也变得越来越激烈，但针对于每个工作岗位的薪酬其实是下降的。

（3）在求职者数量超过 N_0 以后，我们看到这个工作的行业平均薪酬低于人们预期的薪酬基线。在这个水平下的薪酬很低，以致无法满足人们的基本生活需求，所以求职者会离开这个行业，劳动力供给量下降。

（4）于是，求职者的数量会下降至低于 N_0 的某值。

（5）当劳动供给量下降到某个非常低的点时，针对每个工作岗位的薪酬再次增加，这样的工作又变得吸引人，求职者就会再次投身于这个行业。

从图 5-5 我们可以知道，为了保持足够的就业，我们需要使 N_0 尽可能地大于市场上求职者数量。而因为 N_0 点是波动的，如果充分就业点 N_{full} 在 N_0 点右侧，则即使充分就业被实现，也并不能持续很久。因为实际的就业量会围绕 N_0 波动，更多的时候是在 N_0 左侧波动。此时若实际就业量在充分就业点上，N_0 点会左

第五章 雇佣理论

移,失业又出现了。

从图5-5中我们还可以知道,影响就业数量的因素不仅仅是公司能提供的职位总数量,还有人们对薪酬基线的期待(如果薪酬低于薪酬基线值,则人们会换个工作或者投身于其他行业,甚至不在工作)和曲线的位置,曲线的位置会受到公司对劳动力需求的影响。

我们再来看一下图5-6。如果公司对某种劳动力有更高的需求,那么曲线会向右上移动,公司就会提供更多的职位。

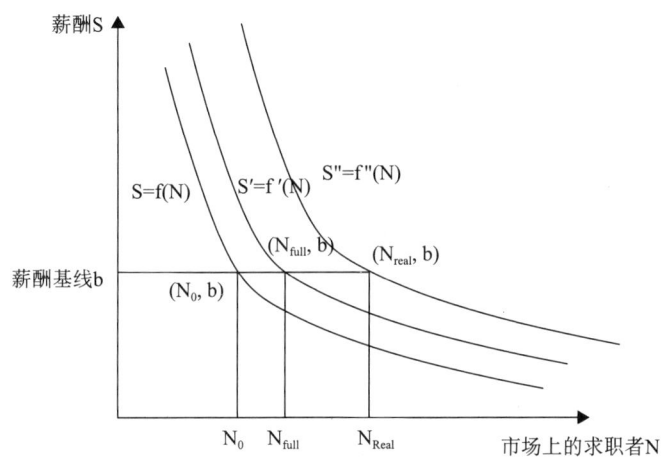

图5-6 对劳动力有更大需求时的充分就业

如果公司对劳动力的需求提高了很多,那么曲线会向右上方移动,从而使充分就业达到的临界值N_{full}更容易被实际就业量N_{real}所触及,甚至被N_{real}超过。

反过来,如果公司对某种劳动力的需求下降,那么会出现什么情况呢?这时,曲线将向左下方移动,就业量将下降,并有可能出现高失业率。当实际就业量N_{real}远小于充分就业所需的就业量N_{full}时,高失业率就发生了(见图5-7)。

让我们来一起看下整个经济体系中能提供的工作岗位总数量。我们都知道提供的岗位数是可以改变的,通过前面的讨论,我们可以得知通过移动曲线就可以改变提供的工作岗位数量。那么,又是什么因素决定了曲线的位置呢?是什么因素决定了公司对于工作岗位的需求,或者说对于劳动力的需求?一种可能是,有太多的工作任务需要劳动力来完成,所以公司才愿意雇佣更多员工来完成;另外一种可能是,这些公司想要扩大公司的规模;甚至还有一种可能是公司赚了很多

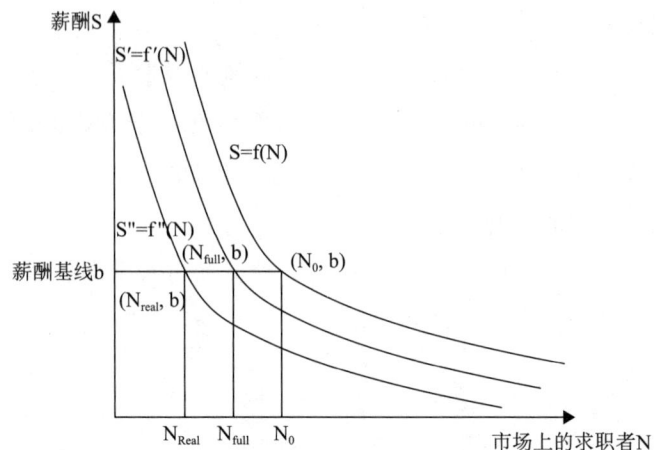

图 5-7　对劳动力有更小需求时的充分就业

钱，想要通过雇佣员工来花掉这些钱。无论是哪种情况，我们都需要搞清楚如何扩大公司对劳动力的需求。

接下来，我们将注意力转向资金流。首先，我们需要分析资金流的流向过程。

当资金流从消费者流向公司时，后者在市场上提供了就业（在这里不讨论政府行为，只需讨论最普遍的就业情况）。我们知道公司获取收入后，收入将会有三种不同的流向（正如第一章所提到的那样），即员工的薪水，企业家的收入及公司的成本。所以，整个国家的总收入会成为员工的收入和企业家的收入两部分。

我们用图 5-8 来描述自由市场中的资金流。从图 5-8 可以看到，公司的收入将分为三个不同部分：公司的成本，员工的薪水以及企业家的收入。公司的成本会流入其他公司，转化成其他公司的成本、员工的薪水以及企业家的收入。另外，因为总的收入是一个流量变量，如果资金流动加速，企业家和员工都会变得更有钱。

即使公司的成本大于公司目前的总收入，如果资金流动加速，公司的收入也会变高，只是它不会有利润而已，也就是说这个公司赚得多，但花得更多。

从图 5-8，可以知道市场上全部公司的收入都会被转化成全市场上员工的收入和企业家的收入。图 5-9 是对之前的讨论的一个总结。

第五章 雇佣理论

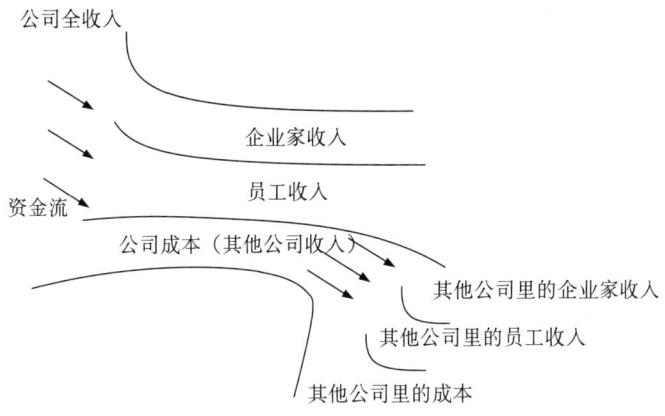

图 5-8 公司收入流的过程

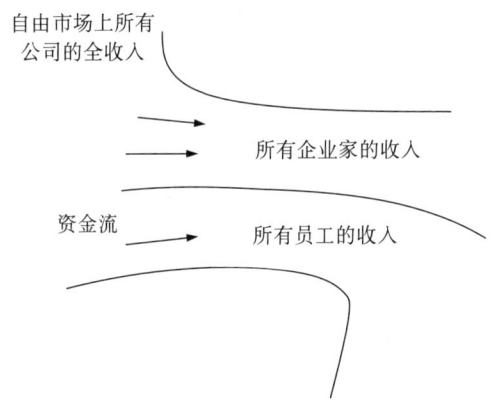

图 5-9 公司收入流的过程全局图

因此，可得出以下等式：

总收入（Total Income）＝员工的总薪酬（Total Salary for Workers）＋企业家的总薪酬（Total Salary for Entrepreneurs）

即 TI = TSW + TSE

其中，TI、TSW 和 TSE 都是流量变量。

如果资金流动加速，企业家会获得更高的收入。如果资金流动加速，有可能是员工获得更高的收入，也有可能是公司会提供更多的工作岗位。但也不总是这样，如果公司的所有者或老板不想雇佣太多员工，而只是想获取更高的利润，于是会通过给员工降薪或降低员工总收入的方式来获取更高的利润；也有可能这些工作岗位会因为机器自动化而被取代。但是这并不是最普遍的情况。最通常的情况是当公司获得了更多收入，它们往往会扩大生产并提高对市场上劳动力的需求，因此公司会向劳动力市场上投放更多的工作岗位，以雇佣更多的员工。

下面我们来复习一下之前定义过的变量，TS 和 TC。

TS，总薪酬，即市场上各个行业在单位时间内支付给个人的总薪酬（包括员工的薪酬和企业家的薪酬）；TC，总消费，即在单位时间内所有个人从市场上各个行业购买商品和服务的总消费（包括员工的消费、企业家的消费以及行业成本）。

从前面的内容中，我们可以得知 TC 可以转化为自由市场中所有公司的收入，而 TS 是员工总薪酬和企业家总薪酬的总和。因为 TC 将决定 TS，所以我们知道在一个社会中如果每个人花钱的速度加快，即资金流速加快，则 TC 变大的同时，TS 也随之变大。

总薪酬 TS 分为两部分：即员工的总薪酬和企业家的总薪酬。在前文中，我们已经知道前者为 TSW，后者为 TSE，总薪酬 TS 即前述等式 TI = TSW + TSE 中的 TI（总收入）。而如果我们需要更多的工作岗位，则 TSW 将在 TS（TI）中占到更高的比例；或者可以说，如果想要更高的就业率，则比率 r = TSW/TS 就要尽可能地大。在这里，TC 和 TS、TI、TSE 和 TSW 均为流量变量，而 r 是比率变量，且 r 越大越好。这就需要企业家将更多的钱支付给员工，作为其工资薪酬，这取决于企业家的主观决定。

假设，在自由市场中的员工平均薪酬是 $S_{average}$，那么我们可以得出所有的工作岗位数量，即市场实际就业量为：

$$N_E = TSW/S_{average} = r \times TS/S_{average}$$

N_E 是我们估计的真实就业人数。为了增加就业人数，我们需要增加市场上的资金流量和速度，也就是说，我们花钱的速度越快越好。除此之外，平均薪酬应该降低，即人们对薪酬的基线预期需要降低，或者说可以忍受更低的薪酬。另外，行业内的企业家要支付更多的钱给普通员工，即让 r 变大。

TSW 将决定以图 5-10 中曲线的位置。如果 TSW 变大，曲线会向右上方移动，这意味着公司对劳动力的需求变大，所以会提供更多的工作岗位。

第五章 雇佣理论

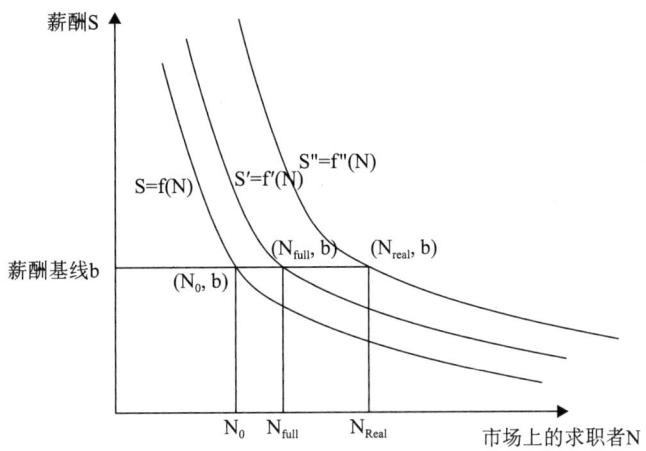

图 5-10　在高 TSW 下的薪酬曲线

如果 TSW 变小，曲线会向左下方移动，公司对劳动力的需求减小，于是它们会提供的工作岗位变少（见图 5-11）。

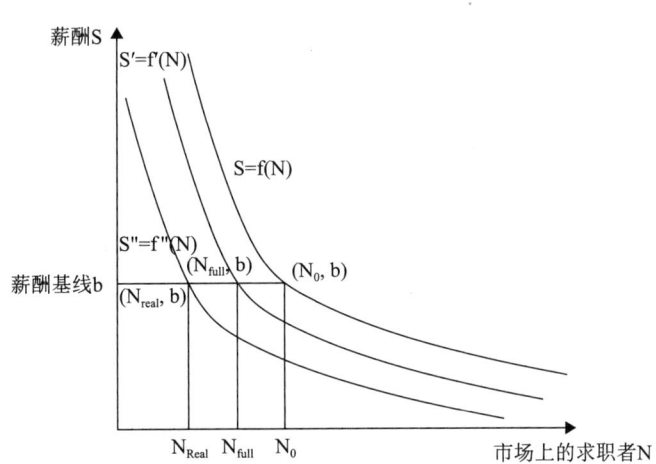

图 5-11　在低 TSW 下的薪酬曲线

接着我们要讨论的是薪酬基线产生的影响。我们都知道在不同的情况下，不同国家的人们会有着不同的薪酬基线预期，一些国家的人们可以忍受更加艰苦的环境和承担较低的生活成本。甚至在同一个国家里，在经济环境良好的情况下，人们可能会有一个较高的薪酬基线预期；但是当经济不好时，抑或是通货紧缩率高企时，人们对薪酬可能会有一个较低的基线预期（商品和服务的价格在通货紧缩时期会变低，所以人们可以通过较低的薪酬来维系正常生活）。

然而，人们对薪酬基线的预期并不会轻易改变。薪酬预期主要是由市场上的人们自己决定的，其他的影响因素可能是文化、生活习惯等。

运用相同的方法来进行分析，如果普通人都对薪酬有一个高预期，则他们无法忍受低薪酬，或者可以说，他们的薪酬基线很高。因此，我们可以得出图5-12：

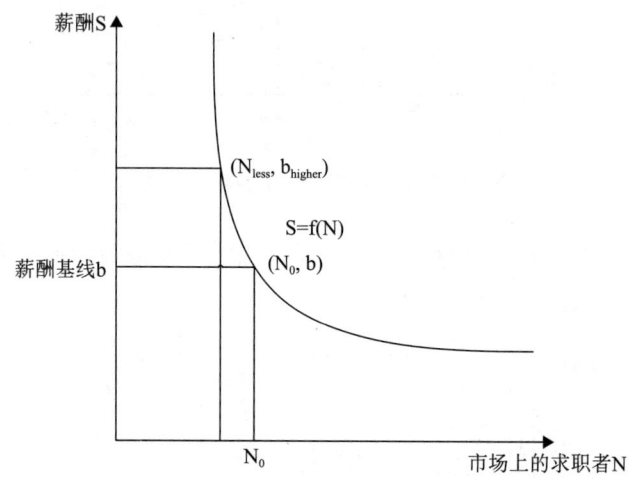

图5-12　高基线下的薪酬曲线

如果基线变高，那么从图5-12中可得出就业会变少为 N_{less}，即就业人数变少，失业很容易发生，波动点将会左移。

如果人们对较低的薪酬有着足够的忍受力，则就业量将变大为 N_{more}，如图5-13所示，波动点将右移。

同时，如果实际波动点 N 远远大于市场上真实的求职者人数 N_{full} 时，将会产生充分就业。

综上所述，如果想要增加全市场的就业人数，应该采取以下措施：

（1）人们保持更低的薪酬基线，或者说可以忍受更低的薪酬。

（2）加快市场上的资金流速，使资金流量变大。

（3）企业家需要将更多的公司收入用于扩大雇佣普通员工。

（4）未达到充分就业的行业不能向期望进入这一行业的求职者设置障碍或限制。

第五章 雇佣理论

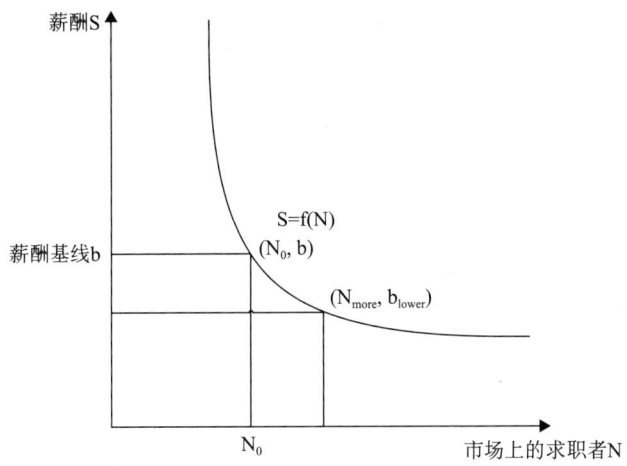

图 5-13　低基线下的薪酬曲线

在本章的最后,需要澄清几个就业量之间的关系。

$$N_E = TSW/S_{average} = r \times TS/S_{average}$$

由于现代社会的合同制度,薪酬在签署就业合同后是几乎不变的,除非员工跳槽和升职,所以在较短的时间内,我们可以默认为平均薪酬 $S_{average}$ 是不变的。这里的 N_E 是站在企业家的角度去预估企业家愿意承担的最大的就业量,是一个预估的全市场总就业量。

$$N_0 = f^{-1}(b)$$

这个就业量是市场上的求职者在现在的 TSW 下或者说在现在的薪酬曲线下,在薪酬基线值 b 处可以接受的最大的就业量,是一个极限就业量或者说是就业量的波动点。

根据我们的推理可以得出,如果 TSW 扩大,则 $N_E = TSW/S_{average}$ 和 $N_0 = f^{-1}(b)$ 都会扩大;如果 TSW 减小,则 $N_E = TSW/S_{average}$ 和 $N_0 = f^{-1}(b)$ 都会减小。而且一般来说,如果一个社会 b 很小,则 $S_{average}$ 也会很小,则 $N_E = TSW/S_{average}$ 和 $N_0 = f^{-1}(b)$ 都会扩大;如果一个社会 b 很大,则 $S_{average}$ 也会很大,则 $N_E = TSW/S_{average}$ 和 $N_0 = f^{-1}(b)$ 都会减小。$N_E = TSW/S_{average}$ 和 $N_0 = f^{-1}(b)$ 对于其他变量的影响存在同向变化关系,我们可以认为它们之间存在同样的函数单调性,对于其他变量的刺激会表现出同样的变化关系。我们默认其代表了实际市场能承受的最大就业量,只不过是从不同的角度观察得到的最大就业量。在接下来的讨论中,我们可以任选其一来分析某种因素对于就业量的影响，对于另外一种，变化也是类似的。

N_{full}是市场上所有的求职者数量，是市场上的最大就业量。因为市场上只有这么多求职者，所以实际的就业量会是 $N_{real} = \text{Min}(N_0, N_{full})$，较小者会决定实际就业量。这个是从求职者的角度根据曲线推导出的实际就业量。

由于在现代社会中，失业是经常发生的，所以 N_{full} 在一般情况下会是较大值。在以后的讨论中，我们一般默认 N_{full} 是较大值，我们会用以下公式去评估实际就业量：

$$N_{real} = N_0 = f^{-1}(b)$$

或者

$$N_{real} = TSW/S_{average}$$

第六章
利率理论

本章将要讲述的是我的利率理论。我会讨论影响真实利率的因素，还会讨论利率、货币供给和货币需求之间的关系。如果是引用新古典经济学或传统经济学的概念或内容，我将直接在书中把内容放在方框中表示出来。

经济学家已经发展出各种关于利率的理论。最初的利率理论是均衡利率理论。与均衡价格理论相似，它声称，利率也存在一个均衡点。在那之后，凯恩斯在其著作《就业、利息和货币通论》中修改了这个利率理论。在本章中，我会提出我自己的理论，当然我也会吸收一部分前人的思想，但我会以自己独特的方式组织并阐述出来。在这里我要说明的是，我将集中讨论利率这一单一变量，所以会忽略通货膨胀率以及其他有可能影响利率的因素，在此章里，我将集中论述利率的波动属性，这点是与传统均衡理论相背的。

在我的讨论中，通货膨胀率和其他很多影响因素都保持不变。通货膨胀率以及一些其他因素会直接影响利率，所以会影响我们对利率的所有分析，因此我们必须控制这些变量。

首先来看看与利率这个概念相关的因素。

利率与借贷这一行为紧密相关：当人们借钱时，他们需要支付利息作为借钱的费用。所以对于供给一方来说，比如提供钱款的人们或机构，他们拥有多余的钱或者是他们想要赚取利息；对于需求一方来说，比如借钱款的人们或机构，他们急需但却缺少资金，所以他们要从别处借钱，并支付一些钱作为借钱的成本，而这个成本就被称为利息。

在传统理论中,许多经济学家声称利率与国家的整体货币供给(即所有被印出的且在一个国家内流通的货币)相关。我认为,利率的确是与之相关的,但并不是被货币供给直接影响的结果。整体货币供给会通过通货膨胀及其他方式来影响利率。不过就如我上面说的,针对这一点在本章中不作讨论。我们在这里先忽略这些因素,而仅仅讨论对利率有直接影响的借款者和贷款者。除此之外,我们可以先忽略银行,虽然它是现代经济体系中的一个重要机构,但为了探索利息其自身的本质,我们最好在一开始先抛开银行这一概念。我会在之后将银行引入讨论。

接下来我们来一起看看货币的供给和需求(这里的货币供给与国家的全货币供给不一样,在接下来的讨论中,货币供给意味着货币持有人可以借出去的整体货币的总数量,而货币需求为大众想要借到的整体货币的总数量)。

我们已知,如果出借货币的量很少,那么利息就会很高;如果更多的人想出借货币并且有很多货币可以被借,那么利息会变低。当很多人有充足的钱并愿意出借,那么这些人之间就会为了出借钱而互相竞争,于是会降低利息。我们得出利息 $r = f(L)$,L 是在市场上的人们愿意出借的所有货币的总数量。我要在这里澄清的是,这里的 L 并不取决于国民总收入。也许国民总收入提高的时候,L 也会变高,但也并不总是这样,因为还有很多其他因素会影响变量 L。在这里我们将注意力集中在那些对利息有直接影响的变量。很显然,货币的供给以及需求便是对利息有直接影响的因素。

根据我们的讨论,可以很容易地推断出 r—L 之间是反向关系,所以我们可以得到图 6-1。

现在已经将货币供给的影响反映在我们的理论结构中,同时,货币需求也是另一个影响利率的重要因素。那么,从货币借贷者的角度来看,货币需求的影响是什么?我们如何将其植入理论中呢?

如果借钱者对货币有更高的需求,我们假设 $r = f_1(L)$,但对于同一群出借者的货币供给来说,利率会走高。初始的利率曲线会向右上方移动(见图 6-2)。

第六章 利率理论

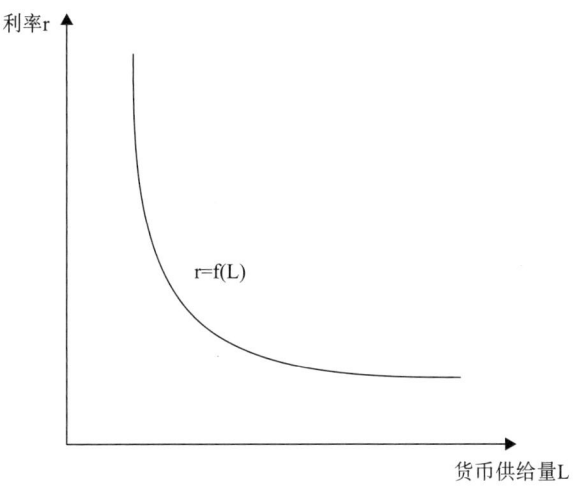

图 6-1 利息—货币供给关系图

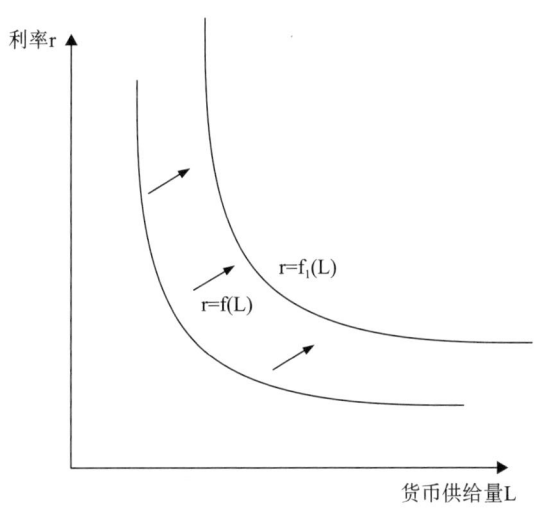

图 6-2 更高货币需求下的 rL 曲线

相似地,如果借钱者一方对货币的需求降低,曲线 r = f(L) 会向左下移动,从而得到 r = f_2(L) 曲线(见图 6-3)。

那么,什么因素将决定人们对出借货币的态度呢?或者换句话说,什么因素会影响用于出借的货币供给数量呢?

在凯恩斯的《就业、利息和货币通论》中,凯恩斯提到了人们对持有货币的需求。凯恩斯将人类持有货币的需求分为四类,分别为收入动机的货币需求、

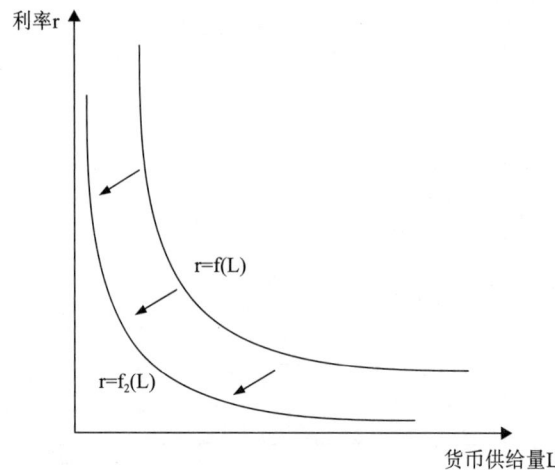

图 6-3　更低货币需求下的 rL 曲线

交易动机的货币需求、谨慎动机的货币需求和投机动机的货币需求[①]。这四种需求将影响人们是否愿意持有货币及货币持有的量。

在本章中我将主要探讨人们借贷货币的需求。我们知道当人们急切需要用钱，而手头没有太多现金，此时人们可以忍受较高的利率。如果人们并不着急用钱，他们就不会倾向于以很高的利率从别处借钱。因为上述提及的货币需求主要是货币的储蓄需求，即人们持有货币的动机。那么几乎可以肯定的一点是，如果人们对持有货币有很高的需求，那么在借贷市场上的货币供给将变少而利率会走高；同样地，如果人们持有货币的需求降低，他们更愿意在借贷市场上提供闲余货币来赚取利息，那么借贷市场上的利率就会下降。

我们再来讨论一下货币借款者和货币放款者之间的关系。

如果借款者的借款需求大于货币供给，那么真实的货币借贷数量将由供给方决定；如果借款者的需求小于货币放款这一方可提供的货币，则借款一方将决定真实的货币借贷数量。所以，借贷市场上的货币需求和货币供给的孰低者决定了真实的货币借贷数量。

下面让我们来定义货币借贷市场上利率的临界线。

首先，来思考一下人们或组织为何要出借钱款呢？这是因为他们想通过借贷

---

① 《就业、利息和货币通论》，约翰·梅纳德·凯恩斯著。

第六章 利率理论

赚取利息获得收入。如果利率水平太低,那么愿意以此利率出借钱款的人就会少很多,他们会将钱用于其他事情,比如投资与消费。所以得出,对于利率来说会有一个临界值的存在。如果利率低于这个值,货币放款者就不愿意再出借货币了。在真实世界中,不同的放款人对于利率的临界线都有自己不同的标准,但为了简化讨论,在此我们假设每个人的利率临界线都相同,且临界值为 r_0。或者可以说,r_0 是货币借贷市场上所有放款者能接受的利率临界值的平均值。在图 6-4 中将其标识出来。

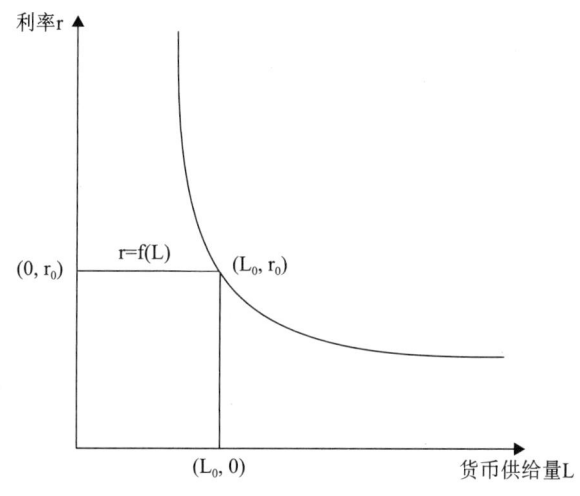

图 6-4 利率基线 r_0

从之前的讨论中可以得出,如果利率低于基线 r_0,那么在有其他用钱方式的情况下,几乎没有人愿意出借货币。他们会更倾向于将钱用在投资或消费上,而不是借给他人,那么可以被出借的货币会越来越少。

接着我们来讨论利息率波动。

鉴于一个基本事实,市场上的货币放款者是想要赚钱的,即他们是自利性的(这是现代经济学的一个基本假设)。如果借款者对货币的需求是 M(M>0),且在我们的讨论中在其他条件不变的情况下维持为一个常数。我们可以得出,在 r—L 曲线的点会有如下运动(见图 6-5):

(1)假设起始可被出借的货币量为 0。此时,借贷市场上必定有很高的利率。那么有闲余货币的人们就会选择出借货币,货币放款者的人数就会增加,可被出借的货币量于是也增加了。

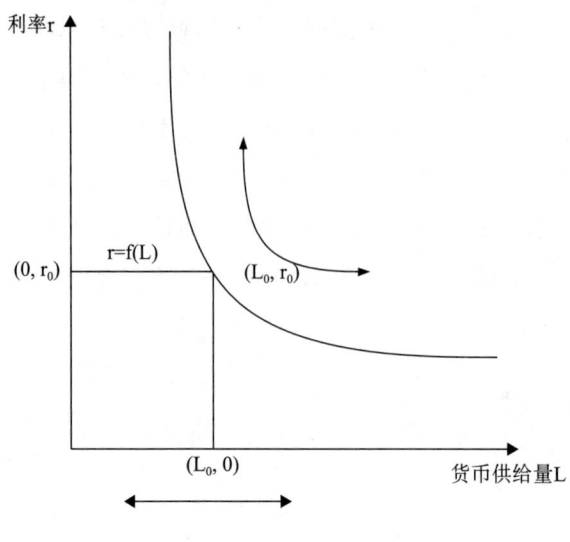

图 6-5 利率波动过程

（2）货币放款者的人数增加，可被出借的货币量也随之增加，在这个过程中，放款的竞争愈来愈激烈，贷款利率随之下降。

（3）某时刻市场上可被出借的货币量达到 L_0 以上，平均利率 r 会低于 r_0，此时这个利率太低了，以致放款者不能获得足够的利润。所以他们会把钱改为他用，选择其他更使他们的钱增值的方式。此时，货币放款量就会下降。

（4）接着，可被借出的货币量会下降到某个低于 L_0 的点。

（5）一旦货币供给量下降到一个非常低的点，利率会再次高企。放贷生意再次变得非常有利可图，吸引着有闲钱的人们投身于放贷市场。

从上述分析中可以得出结论，借贷市场上可被出借的货币在水平轴上点 $(L_0, 0)$ 附近波动，利率会沿着纵轴上的点 $(0, r_0)$ 上下波动。

要说明的一点是，(L_0, r_0) 并不是均衡点，可被出借的货币量并不会停留在 L_0 处。如果货币放款供给量增加过于迅速，即可轻易超过点 L_0 的值。如果供给量停留在这个点上，一些人会停止放贷并将他们的钱用于更有利可图的地方，所以货币放款的供给量会减少。

另外，通货膨胀会改变货币的价值，也会改变利率。通货膨胀会强化、加剧利率的波动。因此，利率不会像新古典经济学描述的那样有一个均衡点，而是处于一个不断波动的状态。

第六章 利率理论

那么，为什么会有流动性陷阱①呢？这个问题的答案是显而易见的。正如我们在第四章和第五章里讨论的那样，流动性陷阱非常类似前述提及的价格刚性和工资刚性。当利率走低，许多放款者会离开借贷市场，那么利率就会再次上升。因此，利率不可能变得非常低，这就可以解释流动性陷阱。为何利率容易上升却不容易下降？因为如果利率变得极低，人们对放款借贷失去兴趣，则货币放款量减少，而利率再次走高。甚至即使中央银行增加货币供给，人们手头闲钱增加，但是由于利率太低，并不具有放贷方面的吸引力，人们只会把手上的闲钱用在诸如投资与消费上，他们不再有出借钱的动力。所以此时，可被出借的货币量点不再沿着曲线向右移动，它会返回来，即说明利率不会下降太多。

目前还有其他的一些问题也需要我们说明一下。

因为政府或银行可以决定利率水平，那么当政府或银行直接决定利率高低的时候会发生什么呢？或者，当存在管制利率（政府或银行控制下的利率）时会发生什么呢？

从前文的叙述中，我们可以得知如果政府或央行将利率设在一个极高的水平上，人们就会更愿意参与到借贷活动中；反之，如果政府或央行将利率设在一个极低的水平上，人们将对借贷活动失去兴趣，他们会将钱投入能带来更多收益的行业中（见图6-6）。

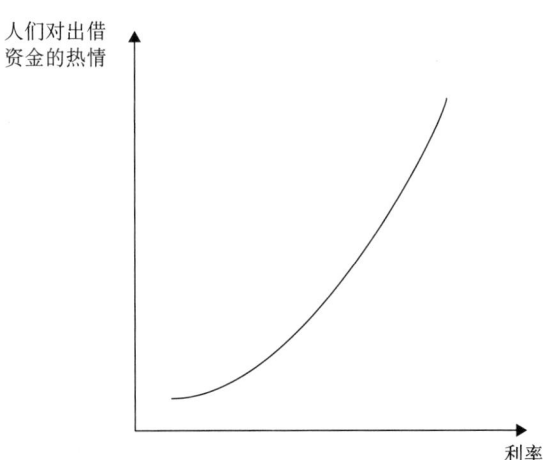

图6-6 人们针对不同利率水平的借贷热情

---

① 流动性陷阱由凯恩斯在《就业、利息与货币通论》中定义，此处借用此名词以描述利率的自然刚性。本书的流动性陷阱在含义上不同于凯恩斯原定义的流动性陷阱。

从上面的段落中我们可以得知，如果政府决定将利率定位在一个较高的水平上，如 r_1，从图 6-7 可以看出，r_1 是一个很高的利率水平。可想而知，此时人们对于放贷有很高的热情，借贷市场上的货币供给会持续增多，最后被借贷的货币量由货币供给量和货币需求量中的孰低方决定。同时，货币供给方提供的可出借货币量有极大的可能会超过货币需求方所需要借款的量。

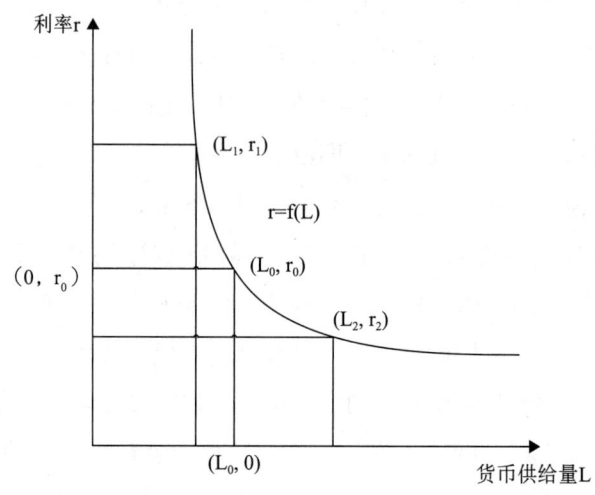

图 6-7　在政府或银行管制下的不同利率水平

如果央行决定将利率设为 r_2，从图 6-7 中可得知，r_2 是一个非常低的利率水平。那么人们会将钱用于其他地方，而不愿意出借货币。因为利率太低，无法产生足够的利润，不能吸引人们放款出借。

在讨论了这么多关于利率的话题之后，接下来我们将引入银行的概念。

银行是一种特殊的金融机构，它吸收公众的存款，并且为有需要的人们发放贷款。在现代社会中，银行对于一国的经济体系来说是非常重要的，很多银行都受到政府的监管。在这里我要分析的是，如果政府或中央银行选择不一样的利率，市场将如何反应。此处的银行是传统的商业银行。

（1）如果中央银行设置高利率 r_1，见图 6-8 所示。

当银行从公众那里吸收存款，在这里银行是作为货币借款者。当中央银行设置了较高的利率水平，如图 6-9 所示。因为利率较高，银行会吸引更多的公众出借货币，因此货币的供给量很大，更多的存款被银行所吸收。

第六章　利率理论

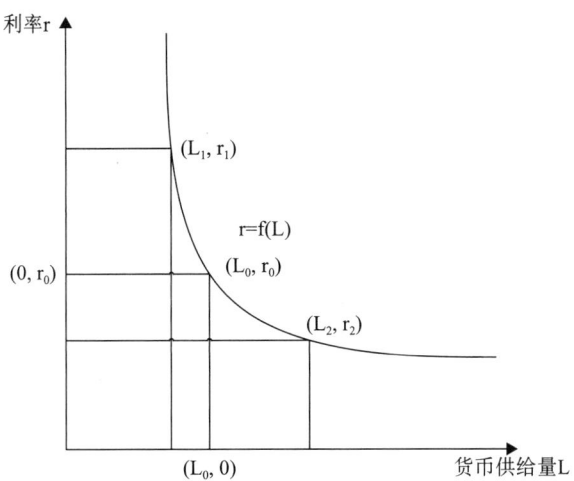

图 6-8　不同的利率水平

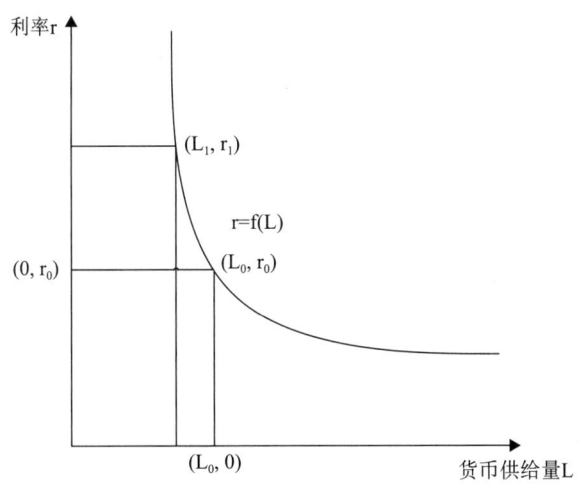

图 6-9　高利率下的银行存款

而另一方面,银行将资金借给缺少资金但又有急用需求的机构。这时,在借贷市场上,银行扮演的是放款者的角色。因为利率太高,很少人可以承受得起,所以人们会对贷款的需求下降,r—L 曲线向左下方移动。这时公众从银行借款减少,于是银行持有的资金变多,市场上的资金流减少,市场就容易陷入通货紧缩(当然还有其他很多因素会造成通货紧缩的发生)(见图 6-10)。

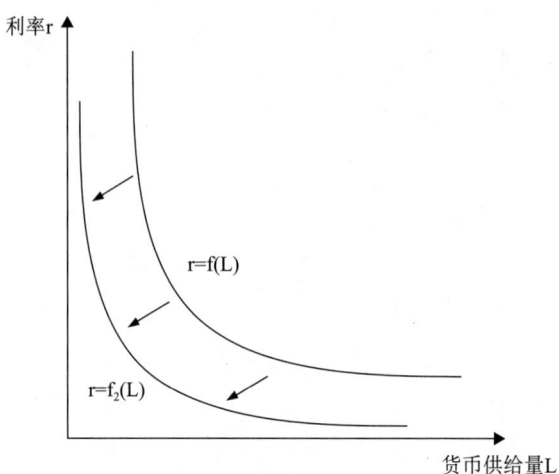

图 6-10 高利率的银行

（2）如果中央银行选择低利率 r_2，如图 6-11 所示。

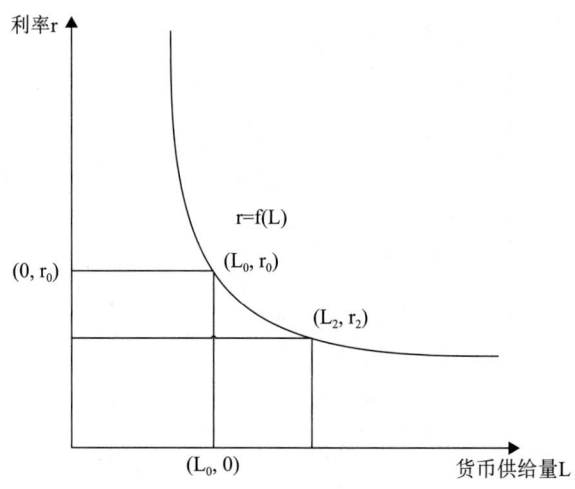

图 6-11 低利率的银行

当银行从公众手上吸收存款时，银行属于货币借款者。当银行选择较低的利率时，因为利率较低，银行无法吸引足够的存款，所以银行能放贷的资金也很少，于是公众不愿意将钱存入银行，而是倾向于用来投资或消费。

而另一方面，银行将资金借给缺少资金但又有急用需求的机构。我们知道当利率很低时，更多人可以承担起借款的成本，所以可以得出 r—L 曲线向右上方

第六章 利率理论

移动。这时公众从银行的借款增加，于是银行持有的资金变少，市场上的资金流变多，市场就容易陷入通货膨胀（还有其他很多因素会造成通货膨胀的发生）（见图6-12）。

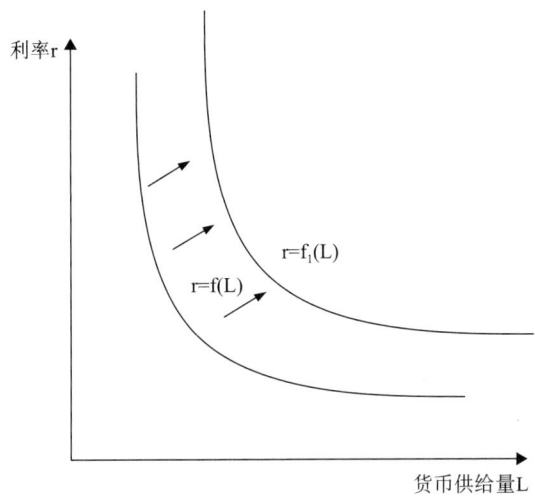

图6-12 低利率的银行

在基本的讨论结束后，我们再来看看现代自由市场中一些常见的现象。在现代社会中，很多国家的中央银行采取负利率政策。我在这里截取了一段关于负利率的新闻报道。

> 自从2008年下半年开始，全世界的央行都采用了史无前例的QE政策来试图刺激全球经济。
>
> 接着在2014年6月，欧洲央行进一步地实行了负利率政策。
>
> 短期的零利率显然还远远不够。欧洲央行意识到，如果他们不能使银行贷款或使居民消费，为什么他们不能在这些人屁股后面点把火高呼："如果你们不把钱花掉，你需要付钱来将钱存银行！"
>
> 瑞士人认为这是个绝妙的主意，并在2014年12月实行了负利率政策。这之后，丹麦人和瑞典人也先后采取了相同的措施。上个星期，日本银行决定，零利率也不够用了，他们也要开始实行负利率政策了！
>
> 日本似乎无法否认这样一个事实：自1989年以来，当所有人（除了我

们）都认为他们将接管世界的时候，他们才缓慢地走出了困境。实际上日本在1997年就开始试验QE政策了，即就在我们预测其最后一个婴儿潮消费高峰的时间之后。而在2013年初，他们急踩油门，并最终将其QE规模增至3倍！

那么日本做的这一切又是因为什么？

在1996年至2015年的20年间，因为断断续续的经济衰退，日本的GDP仅仅增长了0.17%。

通货膨胀率同样低迷，一直徘徊在零点附近，而仅仅在2013年之后刚开始实行QE政策的刺激下短暂地反弹了一阵。

日本在世界上所有主要国家中的债券利率是最高的，其10年国债的利率最近降到了0.045%，在经通货膨胀率调整后便降到了负值。而现在他们已经官方公开采用了短期的负利率——–0.10%。

看吧，我已经看出来了，日本已陷入绝望。官员们不愿意站在一边看着他们国家的经济逐渐为世人忘却、湮没无闻。但是这种妄想似的泡沫政策能持续多久呢？

即使日本将其QE规模增至3倍，其GDP仍没有任何起飞的迹象。这证明金融政策的单方面刺激就像一剂毒药，吃得越多并不能使你越舒服。同时轻微的负利率也很可能收效甚微。

但是很显然，负利率正成为全球经济刺激的下一个发展阶段政策。各国的央行们正非常努力地挽救全球的经济使之避免遭受另一场经济危机。同时，很显然，央行们也愿意付出任何努力直到他们不得不接受现实。

现在，我相信美联储就是下一个。

很显然，美联储12月的加息有点操之过急了，当原油下跌到出乎人们的意料时，市场就像荡秋千的布娃娃一样，而分析师们也终于意识到中国的情况同样让人扫兴。

现在的日本就像扔出了一个真正意义上的曲线球。美联储是如何在全世界都在降低利率的同时继续升高利率的呢？再次加息只会意味着美元走强，当全球经济衰退最终降临我们这里时，加息会带来更多麻烦，最后使美联储意识到是时候实行负利率政策了。

第六章　利率理论

> 从 2014 年下半年开始，美国、欧洲以及日本的股票市场都已经无路可走了，现在的道琼斯指数似乎还没从这个糟糕的 1 月恢复过来，我们仍有机会目睹另一波反弹。毕竟金融市场都很爱央行发布的爆炸性消息，但这看来却是结束前的预兆。
>
> 我从未想过 2008 年经济危机对各国央行会有如此深远的影响。但是绝望的时间已经持续那么久了，我怀疑它们的影响还会持续得更久。①

在我看来，负利率政策的影响就如同我们之前讨论过的普通的低利率政策的影响一样。当市场实行低利率时，人们不愿意将钱存入银行，同时每个人都很容易从银行以相当低的成本贷款，银行的存款减少而市场上的资金变多，市场的流动性增加了。有时候这确实刺激了经济，但也很有可能引发市场上的通货膨胀。因为市场上的货币供应量扩大了，市场上的资金流动性增加。

从我的角度来看，负利率政策比低利率政策的影响有过之而无不及。

我们已经结束了对利率理论的讨论，下面这一部分内容主要是针对传统的 IS—LM 模型提出的一些评论。IS—LM 模型被许多现代宏观经济学教科书所广泛使用的，这是一个非常精妙的数学模型，但也仅仅是个数学模型。

IS—LM 模型最初是由约翰·希克斯基于凯恩斯的思想设计出来的，其建立模型的目的在于以一种数学方式呈现凯恩斯的思想。英国经济学家罗宾逊夫人曾批判过这一模型，我在本节也将指出这一模型的不足之处。

如果读者不清楚 IS—LM 模型的详尽内容，或者想要更深入地了解这个模型，你可以参考任何一本宏观经济方面的教科书，里面有关于 IS—LM 模型的大量描述，以及更深入、详尽的解释和分析。本书的目的主要在于阐释货币旋转理论，所以这里仅仅会对 IS—LM 模型作出评论。

在 IS—LM 模型中，约翰·希克斯声称在国民总收入和利率之间存在一种数学关系。实际上，这是不合理的。我们都知道人们的消费行为和供给方共同决定了 GDP，而利率是间接地通过改变人们的行为从而影响了 GDP。但是人们的行为又是如何能用一个线性的数学模型来表现呢？如果人们的行为不像模型所假设的

---

① 《Negative Interest Rates Are the Next Stage in Global Stimulus》，2016 年 2 月 5 日，Harry Dent 撰写。

那样呢？另外，利率与生产方面并没有直接的关系。如果我们生活在古代，市场还很原始，借贷市场都还没有被创造出来，没有利率的存在，那么就没有GDP了吗？就不会有收入，不会有商业活动和商品交易了吗？

所以从我的观点来看，IS—LM模型是一个很漂亮的数学模型，但是它并不存在于真实的自由市场中。利率与总国民收入的确有关系，但它们之间不是直接的、线性的关系，它们之间是通过许多因素互相影响的。在我的理论中，我认为利率与国民总收入通过PA和PM的"两只手"相互影响。

当然，我将不会在我自己的理论和接下来的讨论中使用IS—LM模型，这个模型也不属于我的理论体系。但是它在现代经济学尤其是教科书中有着非常大的影响，所以我要在这里特别对此提出批判性意见。

第七章
倍数效应论

本章我将引入一个新的参数，这个参数类似于凯恩斯在《就业、利息和货币通论》中引入的乘数。乘数这一概念的首创者是凯恩斯的同事英国经济学家卡恩，卡恩在其《国内投资与失业之关系》一文中提出了乘数的概念。在《就业、利息和货币通论》中，凯恩斯引入了这一概念并扩展了它的应用。凯恩斯希望引入乘数概念来描述一个国家最终国民收入 GDP 和一般的消费之间的关系。通过引入乘数概念，他展示了任何的消费都可以用来增加一个国家的国民收入 GDP。根据我之前的讨论，我们可以知道，最终的交易量是需求量和供给量共同决定的，所以 GDP 是一个国家最终的交易量。当然，根据 GDP 的定义，二手交易不会被计入 GDP，所以在这里我们会剔除二手交易，在二手交易中，所交易的商品并不是在同一年被生产出来，或者是同一年生产出来但是之前已经被计入 GDP 了。综上所述，**我们这一章的主要目的是重新定义乘数效应，我会对乘数效应加以修正，并称修正之后的新的参数为倍数，新的效应为倍数效应。相对于乘数，在这里我要引入的参数是时间和消费速度。**

我们一起来看一下凯恩斯是如何定义乘数的。

以下内容来自凯恩斯的《就业、利息与货币通论》，作者基于本人对《就业、利息与货币通论》和乘数理论的理解对乘数概念进行简单介绍。考虑到一部分读者并不了解乘数效应，这里主要帮助读者简单地理解乘数效应，从而可以帮助我们推导出倍数效应。

乘数被定义为：

$$乘数\ k = 1/(1 - MPC)$$

$$或 = 1/MPS$$

MPC 是边际消费倾向，MPS 是边际储蓄倾向。[①]

在这里我们举一个例子来解释乘数的概念。如果政府投资了 100 美元购买吉姆的服务，此时吉姆手上有 100 美元，GDP 增量到达了 100 美元。然后吉姆再花钱从餐厅里购买食物，假设他只花费了此次收入的 80%，并把余下的 20% 储蓄起来，则餐厅的所有者凯蒂获得了 80 美元的收入，GDP 增量达到了 180 美元。然后凯蒂花钱从购物商城购买了衣服，假设她也只花费其收入的 80%，则衣服的销售者获得了 64 美元的收入，GDP 增量增加到了 244 美元。假设所有的人都只花费所赚取收入的 80%，以此类推，我们此处有一个等比数列。最终，由于政府初始增加 100 美元的投资量，每一个人都将花费所赚到的钱的 80%，我们得出国民收入的最终增量为：

$$\Delta GDP = 100 + 100 \times 0.8 + 100 \times 0.8^2 + 100 \times 0.8^3 + \cdots\cdots$$

根据等比数列求和公式，我们有：

$$\Delta GDP = 100 \times 1/(1 - 0.8) = 500（美元）$$

根据边际消费倾向 MPC = 80% = 0.8，边际储蓄倾向为 MPS = 20% = 0.2，我们得出乘数 k：

$$k = 1/(1 - 0.8) = 1/0.2 = 5$$

这里的 k 就是政府的投资乘数。根据凯恩斯的《就业、利息与货币通论》，这里的政府投资乘数 k 表示政府的初始投资增量会带来 k 倍的总国民收入 GDP 的增量。也就是说，GDP 的增量会 k 倍于政府初始投资的增量。我们假设初始投资增量为 ΔI，则最终的 GDP 增量为：

$$\Delta GDP = k \times \Delta I[②]$$

类似地，如果政府减少了 100 美元的投资，并没有去购买吉姆的服务，此时吉姆手上的收入会减少 100 美元，GDP 总量会减少 100 美元；然后吉姆也会减少从餐厅里购买食物的花费。由于他只花费每次收入的 80%，并把余下的 20% 储

[①] 《就业、利息和货币通论》，约翰·梅纳德·凯恩斯著。

[②] 《就业、利息和货币通论》，约翰·梅纳德·凯恩斯著。

第七章 倍数效应论

蓄起来，则餐厅的所有者凯蒂减少了 80 美元的收入，GDP 减少量达到了 180 美元。然后凯蒂也会减少从购物商城购买衣服的开支。假设她每次也只花费赚到钱的 80%，衣服销售者的收入也会减少 64 美元，GDP 的减少量会达到 244 美元。设所有人都只花费所赚取收入的 80%，以此类推，我们得出此处总的 GDP 的减少量为：

$\Delta GDP = -100 + (-100 \times 0.8) + (-100 \times 0.8^2) + (-100 \times 0.8^3) + \cdots\cdots$

即 $\Delta GDP = -500$（美元）

由于政府的初始投资减少了 100 美元，最终总的国民收入的减少量为 k 倍的初始投资减少量，即减少了 500 美元的国民收入。

凯恩斯的乘数效应暗含了这样一个结论，经济体系中自由市场是牵一发动全局的，任何局部收入的大幅度的扩张或收缩都会引发连锁反应，最终引起 GDP 国民收入的连续扩张或收缩。

通过对乘数概念的讨论，我们可以看出凯恩斯主张政府干预经济。凯恩斯认为，政府的投资会通过乘数效应使得国民收入成比例地增加。凯恩斯在《就业、利息与货币通论》中这样写道：

> "因为要使消费倾向与投资引诱二者互相适应，故政府机能不能不扩大，这从 19 世纪的政论家看来，或从当代美国理财家看来，恐怕认为是对于个人主义之极大侵犯。然而我为之辩护，认为这是唯一切实的办法，可以避免现行经济形态之全部毁灭；又是必要条件，可以让私人策动力有适当运用。
>
> 假设有效需求不足，则不仅是资源之浪费，也是公众不能忍受之耻辱。而且假使私人企业家想运用这些资源，亦必遭遇重重失败危机。企业这一种赌博有许多空门，如果赌徒们有这种精力，存着希望，把所有纸牌都玩遍，则赌徒全体之总结果是输的。到现在为止，世界上财富之增加量，总小于个人正储蓄（positive individual savings）之总数。二者之所以相差，就是因为有人虽然有胆量，有策动力，但运气不特别好，技巧不特别高明，所以亏了本；亏本之数恰等于二者之差数。但若有效需求很充分，则技巧和运气二者，只要中平就够了。

自由市场经济发展和货币流动理论
——货币旋转理论的研究

　　今日之极权国家似乎解决了失业问题,但牺牲了效率与自由。有一点很确定:世界上不能再长久容忍失业现象。而在我看来,除了简短的兴奋期以外,失业现象是和今日之资本主义式的个人主义有不解之缘的。不过把问题作正确分析以后,也许可以医治了疾病,同时保留了效率与自由"。①

　　……

　　"设财政部以旧瓶装满钞票,然后以此旧瓶,选择适宜深度,埋于废弃不用的煤矿中,再用垃圾把煤矿塞满,然后把产钞区域之开采权租与私人。出租以后,即不再问闻,任凭私人企业根据自由放任的原则把这些钞票再挖出来。如果能够这样做,失业问题就没有了;而且影响所及,社会之真实所得与资本财富,大概要比现在大许多。当然大兴土木要比较合理些,但假设有政治上或实际上的困难,使得政府不能从事于此,则以上所提对策,也聊胜于无。

　　这个办法与现实世界中所谓的采金完全相仿。经验告诉我们,当黄金之埋藏深度适于开采时,则世界之真实财富急剧增加;但当可采之金甚少时,则财富或停留不进,或减少。故金矿对于文明非常重要,非常有贡献。恰如战争是政治家认为大量举债支出之唯一正当用途;故借口采金,在地上挖窟窿,乃是银行家认为不违健全财政原则之唯一活动。金矿与战争都对人类进步有贡献——因为没有更好办法。有一个小枝节可以在此一提:在经济衰退时期,金价(用劳力和实物来衡量)趋于上升,这个趋势可以帮助经济复兴,因为经济上值得开采的金矿,其矿床可以由是加深,其矿质可以由是减低"。②

　　通过以上对乘数概念的简单介绍,我们可以很清楚地看到凯恩斯的讨论忽略了通货膨胀带来的影响。他使用货币直接估算GDP,并没有考虑到价格水平的变化。在这里我也会进行类似的处理。引入倍数的概念是为了更好地描述GDP和一般消费之间的关系,如果我们再考虑其他因素,只会让我们的讨论更加复杂,难以进行。在本书中,我会尽量不让我的理论那么复杂。

---

① 《就业、利息和货币通论》,约翰·梅纳德·凯恩斯著。
② 《就业、利息和货币通论》,约翰·梅纳德·凯恩斯著。

第七章 倍数效应论

认真阅读以上文章,我们会发现乘数的定义是有缺陷的。凯恩斯在其著作《就业、利息与货币通论》中,相信任何的消费都会导致整体收入成比例地增加,额外的消费会在经济体系内循环。但是凯恩斯并没有解释这是如何发生的,他只是描述了一般消费带来 GDP 增加这一现象。凯恩斯说,一个人花钱,另外一个人得到了第一个人花的钱,然后第二个人也可以花钱,这个过程一直持续,GDP 会一直增加越来越高。根据前几章的讨论我们得知,之所以任何花费的钱都会导致整体收入成比例地增加,是因为任何花费的钱都会在市场中旋转,循环流动。货币一直旋转,永远不停,所以 GDP 一直增加(见图 7-1)。

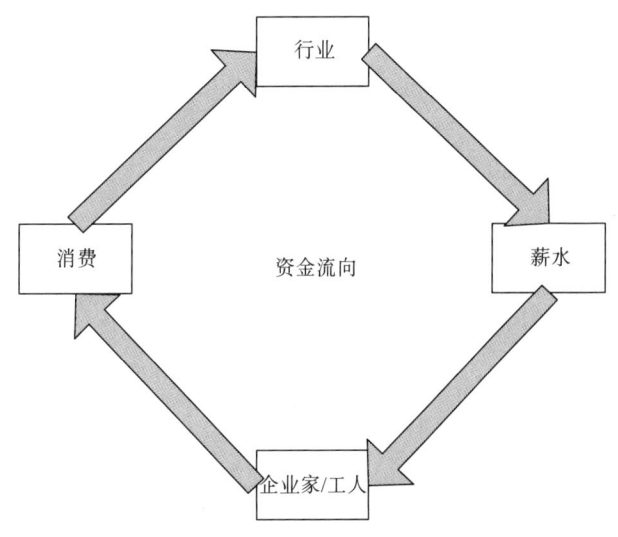

图 7-1 货币流动循环图

总的 GDP 的增加并不是因为其他因素而是由于货币在市场中一直不停地旋转。除此之外,GDP 是一个时间相关的变量,而凯恩斯并没有把时间这个变量引入到他的方程式中。对于一个国家而言,它一年的 GDP 不同于它一个月的 GDP。为了更好地比较 GDP 的大小、国民收入的多少,我们必须把时间变量引入 GDP 的计算中。

在凯恩斯的著作《就业、利息与货币通论》中,凯恩斯提出了一个新的公式 $Y = I/(1-b)$,这里 Y 是总的国民收入,I 是投资,b 是边际消费倾向 MPC。

在凯恩斯的理论中,他得出了公式 $dY = k \times dI$,$k = 1/(1-b)$。这个公式的含义是,任何投资的变化将带来 GDP 的 k 倍于投资的变化,所以称 k 为乘数。

自由市场经济发展和货币流动理论
——货币旋转理论的研究

在这个定义中,一个明显的缺陷是凯恩斯假设货币持有者总是会花费固定比例的钱。那么,为什么货币持有者不会花掉他所持有的所有货币呢?或者为什么他不可以选择不花一分钱呢?如果考察对象是一个亿万富翁,他每次会花掉持有的所有钱还是固定比例的钱?把花费限制在一个固定的比例是很不切实际的。在这里我将会引入我的倍数效应的概念。

众所周知,每一个人都有其基本的需求,为了满足基本的需求,人们必须不停地花钱消费。所以,只要时间足够长,而且假设一个人没有任何收入,可以肯定的是,这个人会花掉所持有的所有储蓄。

我们再来回顾一下第一章所讲的公式:

Money at hand (s_0+t) = Income $\times t$ + Saving (s_0) - Expenses $\times t$

如果收入为 0,随着时间的流逝,储蓄最终有被用完的一天。

对于一个亿万富翁来说,即使这个亿万富翁花不完其所持有的所有的积蓄,他的后代也会花完所有的积蓄。如果没有收入,积蓄总有一天会被耗尽。坐吃山空,这个中国成语描述的就是这种现象。如果一个人游手好闲好吃懒做,所有的财富都会被耗光。所以我们知道没有收入,组织或者个人所持有的所有的货币都将会被耗空。但是当人有了收入,这时候,储蓄就可以一直保持,财富就不会被耗尽。在这里,如果人们只花较少的比例的储蓄,我们可以说他的消费速度较慢。货币一旦花出去了就会在市场中循环流动无限次。投资是花钱,是一种特殊的花钱。消费也是花钱,花钱的形式多种多样。

在这里我们假设,当货币在市场中循环旋转流动时,永远不会有损耗,收入的增加将会是无限或者说无穷大。如果我们考虑的时间长度是无限,任何消费或者投资都会导致国民收入(GDP)无限制地增加。

而在凯恩斯的理论体系中,他忽略了时间变量,时间毫无疑问会影响到GDP。同时,还忽略了另外一个重要的变量,货币流动的速度(货币流通速度并不是物理意义上的空间移动速度,而是货币在市场中周转的速度)。

在我的理论中,我将放弃传统的货币主义对于货币流动速度的观点。传统的货币主义认为货币流动速度是不变的,而这是不切实际的。消费速度是人可以主观控制的,如果人想要快速花钱,货币流动就会加快;如果人们想要慢速花钱,货币流动就会变慢。货币主义认为存在一个因素,它抵消了人们的消费行为对于

第七章 倍数效应论

货币流动速度的影响,这是不可能的。

考虑到乘数或者 k 反映了一般的支出和总的国民收入之间的关系,我将以如下方式定义倍数效应:

总的国民收入的变化 dY 由以下三个变量决定。第一个变量是货币流动速度 w(或者货币旋转速度),第二个变量是 GDP 统计的时间,第三个是初始消费的变化 dTC(一般的任意花费的微分或所花费货币量的微分)。我们在这里定义变量 TC(总消费)为在单位时间内自由市场上所有的人或者所有的团体所花费的钱,因而 dTC 只是一瞬间的货币支出,是总消费的变化量(微分)。

一个棘手的问题是,人们通常并不是同时消费的。我们可以这样解决这个问题,对于异步的消费,我们可以把市场上所有人的异步消费行为转化成近似的同步消费行为。换句话说,如果市场上大部分人得到了钱并且只花掉其中的一部分,并没有花掉全部,这其实类似于市场上的所有人具有较慢的平均消费速度。如果市场上所有的人得到钱后立即花完,我们可以说市场上的人具有较快的平均消费速度。或者这样描述,我们可以把市场上所有不同的人看作一个整体,从而统计他们的平均消费速度。这样我们可以宏观地看待整个问题。

我们假设总的货币消费量的变化是 5,000 美元,持续的时间是两个月,市场上的所有的货币都会在市场中旋转,每半个月完成一次旋转(1r/0.5month)。

我们可以计算出总的 GDP 的变化 dY:

$$dY = 5,000 \times 2 \times (1/0.5)(r/month) = 20,000 \text{(美元)}$$

也就是我们 5,000 美元的初始消费,在两个月内导致了 20,000 美元国民收入的增加。

则倍数效应为:

$$m = dY/dTC = 20,000/5,000 = 4$$

我们可以推断出如果统计的时间是无限的,那么 m 也是无穷大的,即:

$$\lim_{t \to \infty} m = \infty$$

这个公式表明如果不限制时间,有限的货币会在市场中无限地旋转下去。所以我们得出 m 取决于持续的时间 t(单位:month)和货币旋转速度(单位:r/month),所以

其公式是:

自由市场经济发展和货币流动理论
——货币旋转理论的研究

$$m = t \times w$$

$$dY = m \times dTC$$

$$dY = t \times w \times dTC$$

其中，dTC 是总消费的变化。从以上公式我们得知，如果假定时间 t 既定为 t_0，我们知道收入的增加主要决定于 w，即货币在市场中的旋转速度或者说是消费速度。因此我们可以得出以下结论：

如果货币在一个商品或者服务市场（非金融市场）中周转较快，这个社会会更富有。如果货币在一个商品或者服务市场（非金融市场）中周转较慢，这个社会会更穷。 或者我们可以说如果人们快速地花钱，社会会更富，反之亦然。

所以我在这里扩展了节俭的悖论，不仅仅是总的消费量，整体的消费速度（或者说货币周转速度）也能够影响一个国家的 GDP。如果一个国家的所有人都快速消费，他们会更富有。

更进一步来讲，因为 dTC 是货币支出的变化量，w 是货币流动速度，我们可以得出以下结论：

（1）负反馈是这样的过程，货币流动的速度和量在逐渐变慢减小。

（2）正反馈是这样的过程，货币流动的速度和量在逐渐加快变大。

（3）统一状态是这样的过程，货币流动的速度和量保持匀速不变。

当然，统一状态是一种理想的情况（它有时会发生，比如日本，日本的 GDP 在持续 10 年的时间里几乎保持不变，说明日本处于统一状态）。在真实的世界中，经济经常在负反馈和正反馈这两种状态之间波动，具体波动的情况取决于总的工资和总消费。我引入统一状态主要是为了区分正反馈和负反馈。

为什么会产生正反馈和负反馈呢？我认为当人们富裕的时候会更容易花钱，当人们贫穷的时候，会不容易花钱甚至不花钱。如果一个国家的消费速度和消费总量很高，根据节俭的悖论，我们可以推断出这个国家很富有，所以这个国家的人很容易花钱。当人们花钱的时候（对内消费），他们维持甚至扩大了消费速度消费量，这就是正反馈的本质。如果一个国家的消费速度和消费总量很低，这个国家的人很穷，他们会花较少的钱，从而进一步降低了消费速度和减少了消费总量。根据节俭的悖论，这将进一步减少他们的收入，这就是负反馈的本质。

简化的 GDP 的公式是：

第七章　倍数效应论

$$GDP = t \times w \times TC = m \times TC$$

t 是统计的时间，w 是货币在市场中的旋转速度（这个旋转速度由人们的消费速度和薪水的发放速度共同决定），TC 是一个市场中一瞬间的平均消费量，m 是倍数效应。

在这里我提到了薪水发放速度，之所以在这里提到它主要是因为薪水发放速度很重要，它会影响到人们的消费速度。如果一个社会拥有很慢的薪水发放速度，就不会有很高的消费速度。货币的周转速度是由薪水发放速度和消费速度共同决定的。

所以我们得出了 GDP 和货币旋转速度之间的关系，这个关系也可以通过前面的公式 $GDP = t \times w \times TC$ 表现出来。

我将用下面的例子来探讨以上的关系，并且也探讨薪水发放速度带来的影响。在这里我作一个简单的假设，假设没有通货膨胀或者通货紧缩，尽管这是一个太过理想的条件，但是这里主要是描述货币旋转速度和总收入的关系，这个假设将使得我们讨论起来更容易。

假设我们有一个垄断市场，在这个垄断市场中我们有一家公司和一个员工（这个员工同时也是企业家），并且我们假设这个企业家（员工）也是市场上唯一的消费者，在商业活动中没有任何成本。这家公司将满足这个消费者的所有的需求（见图 7-2）。

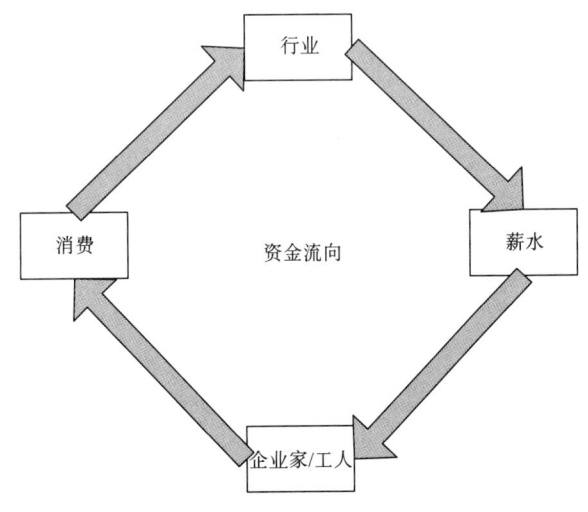

图 7-2　货币流动循环图

（1）我们假设企业把所有的收入都发给员工作为月薪，并且这个员工会花掉他所持有的所有的货币。假设初始有 1,000 美元在市场上流通，我们设定 1 年的时间，员工总的薪水为 $12 \times 1,000 = 12,000$ 美元；企业总的收入为 $12 \times 1,000 = 12,000$ 美元。

（2）我们假设企业每次把它赚到手的 50% 的钱发给这唯一的员工作为月薪，员工一旦拿到钱，会花掉所持有的所有的钱。所以，在 1 年内，员工第 1 个月的薪水是 $1,000 \times 50\% = 500$ 美元，企业第 1 个月的总收入是 500 美元。同时企业之前有 500 美元在手上，所以总共持有 1,000 美元，它支付其中 50% 作为薪水，第 2 个月员工的薪水依然是 500 美元。所以我们得出员工 1 年的总的薪水是 $500 \times 12 = 6,000$ 美元；企业 1 年的总的收入是 $500 \times 12 = 6,000$ 美元。

（3）我们假设企业每次支付它所有的钱给员工作为薪水，员工每次仅仅消费所持有的所有货币的一半，在 1 年之内，员工第 1 个月的薪水是 1,000 美元，企业第 1 个月的收入是 500 美元，员工第 2 个月的收入也是 500 美元。员工之前持有 500 美元，员工现在一共持有 1,000 美元，这个员工会花掉一半的钱，所以现在企业第 2 个月的总收入是 500 美元。我们得出员工总的薪水是 $1,000 + 11 \times 500 = 6,500$ 美元；企业总的收入是 $500 \times 12 = 6,000$ 美元。

（4）如果企业每半个月支付 1,000 美元，员工一旦拿到薪水，会立即把所有的钱都花掉（这里我们假设生产力可以满足这么快的消费速度或者说商品的价格不会改变）。这样我们得出员工 12 个月的总的薪水是 $1,000 \times 12 \times 2 = 24,000$ 美元，公司总的收入是 24,000 美元。

综上所述，我们可以得出，如果货币在市场上周转得快，一个社会会更富有，企业会有更多的收入，员工会有更多的薪水；如果货币在市场中周转的慢，这个社会会更穷，企业会有更少的收入，员工会有更少的薪水。

所以对于一个想要富裕的国家来说，最重要的事情并不是在消费方面节省，而是尽可能地多生产，同时让所生产的商品尽可能快地分配给市场上的消费者。

正如曼德维尔所言：

第七章　倍数效应论

> "因为在私人家庭之中，处处节俭打算，从事储蓄，的确是致富之道。于是有人想，不论国家得天之厚薄，假使每个人都实行以上这个方法，则国家也可以致富。例如有人以为，假使每个英国人都择其邻居之节俭者而从之，则英国人比现在还要富。我认为这是错的。
>
> 反之，使国家兴盛快乐之道，唯有给予每人以就业机会。为实现以上目标，政府应当第一，提倡各种制造、技艺、手工业，凡人类才智所能及者，皆予提倡；第二，奖励农渔二业，使土地也像人一样出力。要靠这种政策，国家才能伟大幸福；用一些琐碎规章，来限制奢侈，提倡节约，是于事无补的。金银之价值可以任其涨落，社会享受之多寡，乃系于土地之出产以及人民之劳作，此二者联合起来，乃是可靠的、真正的无穷的宝藏，彼巴西之金，普多西之银，安足道哉。"①

曼德维尔的主张就是，于个人而言，节俭的确是致富之道，但是对于整个国家而言，一个国家的普遍节俭会带来普遍的萧条。从本书的原理来分析，这是很容易理解的。一个国家普遍的奢侈浪费会带来巨大的货币流量和更快的货币流速，从而带来更多的就业。当然，这种奢侈浪费必须浪费在自己国家的企业和商品上，而不是浪费在外国的企业和商品上，这样才能带来这个国家的繁荣。

此处也证实了我们关于萨伊定律的分析，正如我们之前讨论过的：

如果人们拿到的货币，以很慢的速度消费，作为流量的收入就会很少，他们的需求就会被收入所抑制，他们不能够把市场上所有的商品都快速地清空，生产过剩就会发生。

通过以上分析我们就会得知真正能够调节经济的并不是政府的政策，而是商品市场和服务市场的货币量以及货币周转速度旋转速度，而这个变量又是由总工资和总消费决定的，或者说"看不见的手"PA 和 PM 决定的；或者换句话说，是市场上人们的消费行为决定的。

那么凯恩斯政策为什么会起作用呢？当经济危机发生时，持有很多货币的人并没有去消费，想要去消费的人没有持有货币，这将导致需求减少，并且维持在

---

① 《蜜蜂的寓言》，伯纳德·曼德维尔著。

很低的水平。国家通过印钱，把印的钱给那些想去消费却没有持有货币的人，这样就恢复了总需求，恢复了总的消费能力。通过这种政策，从个体流向企业的钱增加，然后总的需求增大，所以凯恩斯的政策促进了经济复苏。

我们假设货币从个人流向企业（总消费）的流速是 Wa，货币从企业流向个人（包括工人和企业家）的流速是 Wm。

我们得出实际货币旋转速度：

$$w = \min(W_a, W_m)$$

这解决了第五章雇佣理论的一个疑惑。在第五章中，我们讨论了以下情形。

（1）RTS > UTS 并且 RTC < UTC：总薪水大的同时总的消费少。

（2）RTS < UTS 并且 RTC > UTC：总薪水少的同时总的消费大。

通过公式 GDP = t × w × TC = t × min（Wa, Wm）× TC，我们看到货币旋转速度由 Wa 和 Wm 的较小值决定，如果 Wa 小，或者 Wm 小，最终的值就是小的，因为较小的那个货币流速会限制较大的货币流速，所以经济形势会发展成为负反馈。

我们可以推导出最终的 t 时间持续统计的 GDP 的方程式：

$$GDP = t \times \min(W_a, W_m) \times TC$$

考虑到 w 和 TC 并不都是常量，同时，我们也可以取货币旋转速度的微分 dw 和 GDP 统计时间的微分 dt，在现实生活中，我们使用微积分来展示公式：

$$GDP = \iiint f(t, w, TC) \, dt \times dw \times dTC$$

在这里我们再参考凯恩斯的理论。凯恩斯的有效需求不足理论所描述的有效需求不足的情形是存在的，这是因为从个体流向企业（总消费）的货币很少，较慢的消费速度、较小的总消费量以及较少的总薪水量都会导致这种情况发生。

所以如果政府投资了 100 美元购买吉姆的服务，此时吉姆手上有 100 美元，GDP 总量到达了 100 美元；然后吉姆再花钱从餐厅里购买食物，餐厅的所有者凯蒂获得了 100 美元的收入，GDP 到达了 200 美元；然后凯蒂花钱从购物商城购买了衣服，衣服的销售者获得了 100 美元的收入，GDP 增加到了 300 美元。

在这个过程中，我们假设持续的时间是两个月，货币在两个月内途径 3 个人之手，周转了 3 次，我们就会有货币旋转的速度 w 是 1.5。时间 t 是两个月，总消费的初始变化是 100 美元，所以我们有总的 GDP 是：

第七章 倍数效应论

$$GDP = 2 \times 1.5 \times 100 = 300 \text{ 美元}$$

此处的倍数效应为：

$$m_2 = w \times t = 3$$

5 个月的倍数 m_5 就为：

$$m_5 = m_2/2 \times 5 = 7.5$$

若经济不发生大的变化，即倍数随时间增长而保持稳定，我们可以预估初始 100 美元的消费在 5 个月时间内给 GDP 带来的变化为：

$$GDP_5 = m_5 \times TC = 7.5 \times 100 = 750 \text{ 美元}$$

我们成功的使用公式评估了我们的例子。

所以我们就可以用倍数效应来描述政府的支出对总的国民收入的影响。当我们把时间和货币旋转速度引入这个分析时，结果就更可靠，而且能够更好地描述 GDP 和一般消费之间的关系。

第八章
经济波动论

我们先来讨论在现实生活中会导致经济波动的各种因素。一个国家的总的 GDP 一直在波动，那么它为什么会波动？是什么因素导致它波动的？

在这里我会主要讨论影响经济波动的因素，并建立我的经济波动理论。

因为 GDP 是被用来计数生产出来的总的产品，我们在第二章中已经讨论过这个问题，我们有：

如果供给量小于需求量，供给会决定需求；如果需求量小于供给量，需求会决定供给。或者说，两者中较小的一方会决定较大的一方。

所以最终的 GDP 或者最终的产品交易既有可能被供给决定，也有可能被需求决定，这两者中的较小者将会决定最终的 GDP。所以这两个决定端的波动因素我们都需要讨论，而且，我们只讨论会被计入 GDP 交易的产品。在现代社会中，产品的生产率很高，供给方一般是大的一方，所以一般情况下需求端会决定供给端，所以我们先讨论需求端作为较小值的情况。假设市场上所有商品的需求都小于供给，那么是需求端的什么因素导致了经济和 GDP 的波动呢？

根据前一章的讨论，我们知道市场上较慢的消费速度和较小的消费量会导致总的消费的减少。所以波动可以归因于这两个因素：一个是较慢的消费速度，另外一个是较小的消费量。

通过以前的章节，我们可以得出以下公式：

$$GDP = t \times \min(Wa, Wm) \times TC$$

第八章 经济波动论

因为在真实的世界中,时间变量 t 并不是一个波动的因素,所以我们会分析讨论另外两个变量,一个是消费速度 w,另外一个是消费量 TC。

$$GDP = t \times \min(Wa, Wm) \times TC$$

以下将讨论 TC,首先假设消费速度是常量,在我们的讨论中它维持不变。所以我们可以首先单独讨论 TC 对于经济的影响。

总消费是如何导致经济波动的呢?在自由市场中,个体参与不同的活动,如创业、投资、股票交易等。在这些商业活动中,一些人赚到了钱,另外一些人损失了钱,所以货币在不同的人之间来回流动。因此,在商业活动中货币从一个人流向另外一个人,或者从一个团体流向另外一个团体。

假设有很多个人,α、β 和 γ…(当然 α、β 和 γ 可以是在市场上花钱购买生产原料和生产设备的企业)。所有的这些人组成了自由市场。如图 8-1 所示,有的时候,α 有更多的钱,有的时候 β 有更多的钱,有的时候 γ 赚到了更多的钱……

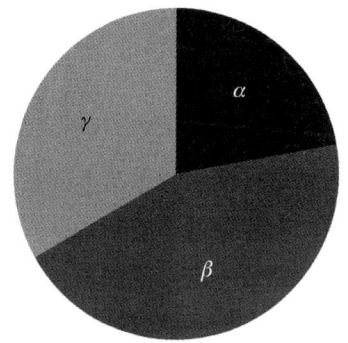
货币分布:β 获得了更多的货币分布

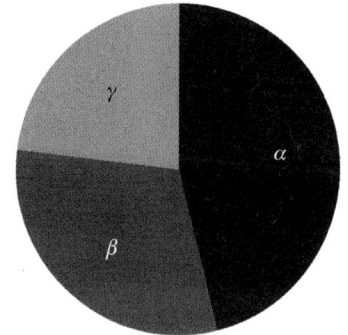
货币分布:α 获得了更多的货币分布

图 8-1 货币分布

除此之外,我们知道赚到钱的人未必花钱,亏损钱的人也可能去花钱,有一些人甚至借钱去花钱,这些都将改变总需求。

所以我们有变量 TC 是在单位时间内自由市场上所有人和所有的团体组织花费的钱的总和。在较短的时间里,TC 是一个稳定的变量,因为在较短的时间内,货币分布的变化很小。但是在一个较长的时间内,TC 最终会发生改变,因为货币的流动或者说货币分布的变化。当 TC 减少时,总的消费量进入了低谷;当 TC

自由市场经济发展和货币流动理论
——货币旋转理论的研究

增加时，总的消费量进入了波峰。当 TC 低于 c_0（c_0 为会发生经济危机的货币流量阈值）时，几乎没有货币从个体流向企业，这时市场低迷甚至是产生危机。

我们假设 α 在单位时间内会花费所持有的钱的 r×100%，剩下的将作为储蓄拿在手中。类似的 β 会花费 s×100% 的钱，γ 会花费 o×100% 的钱，我们得出单位时间内：

$$TC = \alpha \times r + \beta \times s + \gamma \times o \cdots$$

从这个公式中，我们得出 TC 总是变化的，因为货币分布一直在变化。除此之外，r，s 和 o（货币储蓄习惯）也可能变化。但是为了简化分析，在这里我们假设相对于货币分布，r，s 和 o 几乎不怎么波动，在我们的讨论中，我们先假设它们不变。我们有如果 α 增加，则 α×r 也增加；反之亦然。此处这个定义是满足我们之前的基本假设的，这个假设是企业或个人越富有越倾向于花钱，企业或个人越贫穷越不倾向于花钱。比如 α 越大，α×r 越大，则越倾向于花钱，花得更多。

我将用以下的例子来证明我的理论。

我们假设只有 3 组人，α、β、γ（定 3 个组便于我们讨论，如果超过了 3 个组，分析过程也是类似的）。假设他们的消费速度都一样，他们的消费习惯也保持不变。我们假设：

α 会花掉所持有的所有货币，我们有 r = 1；

β 会花掉所持有的一半的货币，我们有 s = 0.5；

γ 永远不会花掉所持有的任何货币，我们有 o = 0。

我们假设市场上总共有 3 单位的货币在流通，货币在 α、β、γ 3 个团体之间周转。

（1）情形 1。我们假设一开始每个团体都持有 1 个单位的货币，货币均匀分布于 α、β 和 γ 之间，我们有总消费：

$$TC = 1 \times 1 + 1 \times 1/2 + 1 \times 0 = 1.5$$

如果这个分布保持 t 的时间，t 是一个很短的时间，所以货币分布不会改变，我们会有中等量的货币流从个体流向企业，会有一些货币流量但不会太多。

（2）情形 2。因为商业贸易和竞争，β 赚到了 α 所持有的所有的货币，β 有两个单位的货币量，我们有总消费：

第八章　经济波动论

$$TC = 0 \times 1 + 2 \times 0.5 + 1 \times 0 = 1$$

如果这个货币分布持续一段时间，我们会有较少的货币从个体流向企业，这表示经济低迷，市场上将会有较少的货币流。

(3) 情形3。因为商业贸易和竞争，α 赚到了所有 β 持有的钱，所以 α 有两个单位的货币量，我们有总消费：

$$TC = 2 + 0 \times 0.5 + 1 \times 0 = 2$$

如果这个货币分布保持一段时间 t，我们有较高的货币流量从个体流向企业。这代表了一个经济高峰，市场上将会有大量的货币从个体流向企业。

(4) 情形4。因为商业贸易和竞争，我们有 β 赚到了 α 所持有的所有货币，我们有总消费：

$$TC = 0 \times 1 + 2 \times 0.5 + 1 \times 0 = 1$$

如果这个货币分布保持一段时间 t，我们有较少的货币量从个体流向企业。这代表了一次经济低谷，市场上将会有较少的货币流动。

(5) 情形5。因为商业贸易和竞争，我们有 α 赚到了 β 所持有的所有的钱，所以 α 有两个单位的货币量，我们有总消费：

$$TC = 2 + 0 \times 0.5 + 1 \times 0 = 2$$

如果货币分布保持一段时间 t 不变，我们有较高的货币流量从个体流向企业，这代表了一个经济高峰，市场上将会有大量的货币流。

(6) 情形6。因为商业贸易和竞争，γ 赚到了 α 和 β 所持有的所有的钱，我们有总消费：

$$TC = 0 \times 1 + 0 \times 0.5 + 3 \times 0 = 0$$

0 低于阈值 c_0（c_0 为会发生经济危机的货币流量阈值），所以此时几乎没有货币流动。如果货币分布保持一段时间 t 不变，在这段时间内几乎没有货币流从个体流向企业，货币流量低于 c_0，所以企业没有利润从而接近破产，经济的齿轮将会减速甚至停滞，这有可能导致经济危机。

我们可以用图 8-2 来表示这个过程。

通过分析可以知道 TC 是瞬时变量，在真实世界中，GDP 是 TC 对时间的积分。除此之外，我们还知道对于 GDP，我们还应该考虑到消费速度。所以有：

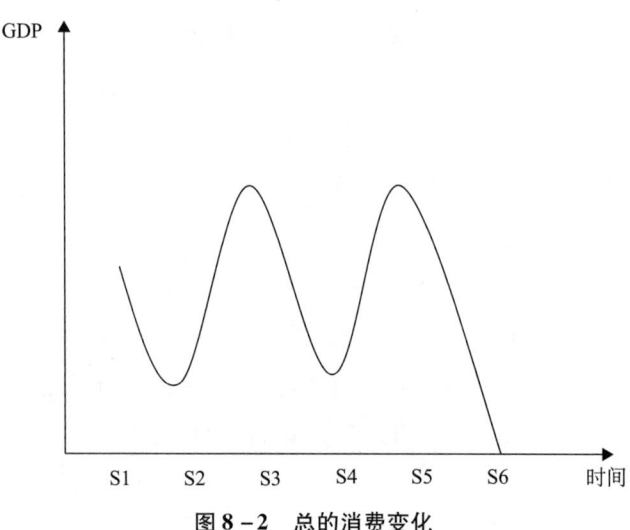

图 8-2 总的消费变化

$$dGDP = (\alpha \times r \times u + \beta \times s \times v + \gamma \times o \times w \cdots) \times dt$$

u，v 和 w 是 α，β 和 γ 的消费速度。在这里 r×u 是 α 的消费习惯，s×v 是 β 的消费习惯，o×w 是 γ 的消费习惯。所以我们有：

$$GDP = \int \alpha \times r \times u dt + \int \beta \times s \times v dt + \int \gamma \times o \times w dt \cdots$$

$$= \sum_{i=1}^{\infty} \int \alpha i \times ri \times ui dt$$

αi 是 i 持有的货币量，ri 是 i 的消费比率，ui 是 i 的消费速度，i 是市场上的一个组织或者一个消费者，i 从 1 到无穷大 ∞，t 是时间变量。

接下来我们进一步讨论一个社会中的货币分布。之前讨论自由市场中的货币分布的时候，我们只考虑有个人或者公司的市场，或者说较为原始的市场，这个市场不包括一些现代的创新和发明。

如果我们研究一个社会的货币流动，我们就会知道对于货币流动，如果从流出的方向来划分，主要有两种流动方式，一种是消费，一种是投资。如果从对于掌握货币的市场组成成分来划分，主要有四种：政府，一般消费者，外国的企业或个人以及本国的公司。在这里我把投资和消费放在一起，把政府、个人、外国企业或个人以及本国企业放在一起。之所以这样划分是因为同一个组里的成员在货币流动上有更多的相似之处。

接下来我们讨论货币如何在政府、个人、外国的企业或个人以及本国公司分布。

第八章 经济波动论

我们首先讨论政府、一般的消费者、外国的企业或个人和本国公司之间的关系。

政府的收入主要来源于税收，政府花钱的方式是通过财政政策。政府是市场上最有权力的决策者，它可以提高或者降低税率。如果政府提高税率，企业或个人手上赚得的很多钱都会贡献给政府。如果政府降低税率，企业或个人手上就可以持有更多的自己赚的钱。政府的转移支付也会改变货币分布，会将货币重新分布在不同的团体中。转移支付也可以把富人的钱通过福利发放给穷人（见图8-3）。

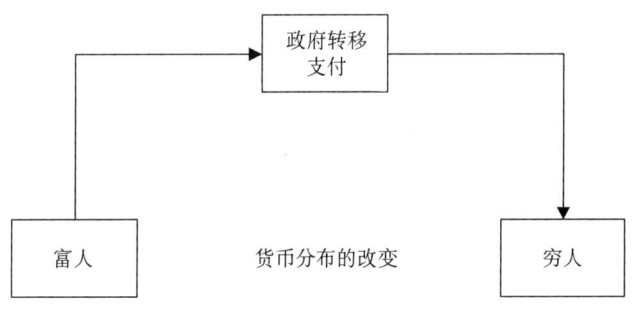

图8-3 政府转移支付

除此之外，假设其他的因素不发生变化，如果政府增加了财政政策中使用的货币，政府会花更多的钱，总的消费会增加；如果政府减少财政开支，政府会花更少的钱，总的消费会减少。

$$dGDP = (\alpha \times r \times u + \beta \times s \times v + \gamma \times o \times w \cdots) \times dt$$

回顾前文的公式，我们可以把 α 看作政府得到的税收的总额，政府花费到财政政策上的比例是 r。所以政府持有了 α 的货币量，并且它只会花费 r 比例的货币量。

接下来我们把目光转向外资。外资包括外国个人和外国的企业。外国个人和企业能够从外汇市场上换到钱，并且把它花费到目标国家的市场。当我们讨论经济波动时，就像一般的个人和企业一样，所以我们只要分析一般的个人和企业，外国的个人和企业也是类似的。

一般人主要是从薪水中获得收入，所以如果薪水增加，他们可以获得更多的收入；另外有一些人可以从股息中获得收入，或者通过其他途径获得收入。有一点可以确定的是，一般人组成了一个较大的消费团体，他们的消费是总消费很大的组成部分。一般的公司主要是通过销售商品和服务来获得收入，他们主要通过生产成本来消费。薪水和股息会改变市场中的货币分布，可以把货币从企业转移到个人，所以薪水和股息既可以直接影响市场，也可以间接影响市场。企业发给员工和企业家的工资和股息变成了市场上一般消费者所持有的货币，这是一个货币分布的改变。一般的企业通过成本来消费，通过生产成本，他们购买别的企业的商品和服务。这个过程也会直接增大 GDP。所以我们得出总的单位时间内的消费 TC 可以通过以下公式来解释：

dTC = 一般人消费的变化 dPC + 外国企业个人消费变化 dFC + 政府财政的消费变化 dGC + 一般企业消费变化 dCC

TC = 一般人的支出 + 政府的支出 + 外资的支出 + 企业的支出（单位时间）

= 一般人持有的货币 × 一般人的消费比率 × 一般人的消费速度 + 外资持有的货币 × 外资的消费比率 × 外资的消费速度 + 政府持有的货币 × 政府的消费比率 × 政府的消费速度 + 一般企业持有的货币 × 一般企业的消费比率 × 一般企业的消费速度

我们有如下等式：

$$TC = P + F + C + G$$

我们知道凯恩斯的 GDP 公式：

$$GDP = C + G + I + NX[1]$$

我们知道外国个人和企业既可以在我们国家投资也可以在我们国家消费。政府也能在市场上投资，也能在市场上消费。例如，当政府在修路时，其实是在投资。所以很明显，在凯恩斯的公式中，存在重叠或者重复计算的部分，所以这个公式是有部分缺陷的。

我推荐用以下公式：

$$GDP = P + F + C + G$$

$$或 GDP = C + I（消费加投资）$$

为了简化讨论，在上面公式中我们忽略了时间因素。这个公式说明人们既可以去消费，也可以去投资；政府既可以去消费，也可以去投资；外资既可以在本

---

[1]《就业、利息和货币通论》，约翰·梅纳德·凯恩斯著。

第八章　经济波动论

国消费,也可以在本国投资;最后,本地的公司也可以消费,也可以投资,类似于基金投行此类公司总是在投资。

所以我们将 GDP 公式 $dGDP = (\alpha \times r \times u + \beta \times s \times v + \gamma \times o \times w \cdots) \times dt$ 扩展到更为普遍或者说更为符合现代市场的形式,以使其符合经过各种创新和发明之后的市场。我们也知道货币分布一直在变化,所以 GDP 总是波动的,当货币分布改变了,GDP 就会从一个值变成另外一个值。

我们可以得到以下结论:

经济波动的一个原因是货币分布的变化和人们消费习惯的变化导致的总需求的变化。

事实上,自由市场中没有货币分布的周期性变化,自由市场是一个混乱的系统。货币的分布没有任何规律,货币的分布是混乱无序的。货币分布的变化主要取决于人们的商业活动。

在这里很明显的是,硬着陆也可以由货币的分布变化导致。如果货币过于集中,单位时间内的 GDP 为:

$$dGDP = (\alpha \times r \times u + \beta \times s \times v + \gamma \times o \times w \cdots) \times dt$$

dGDP 会变得越来越少,因为货币的分布过于集中,能够消费的人很少,很多人几乎没有钱,GDP 就会变小。

让我们进行对下一个波动因素的讨论,那就是消费速度的变化。对于消费速度的变化,我们早已经讨论过不少,读者可以在前几章发现相关的内容。

对于个人而言,我们知道,如果他很有钱,这个人可以快速消费,他可以买任何他想要的,从而维持一个比较高的消费速度。尽管存在一些特例,例如在社会中,有一些很富有的人很节俭,花很少的钱,很少消费。但是一般情况下,富有的人会花更多的钱,能够维持一个更高的消费速度。

对于一家公司而言,我们知道如果公司很有钱,它可以以很快的速度花钱,可以买任何类型的原材料,可以投入研发新产品,从而维持一个较高的消费速度。尽管有这样的特例,一些富有的公司很吝啬,消费很少,克扣员工的工资。但一般来说,富有的公司会有较高的货币消费速度。

对于单个人而言,我们知道,如果他几乎没有钱,他就不能维持一个较高的消费速度,他不能买任何他想要的东西。尽管在一些社会中,有些人很穷,但是他们仍然会借钱来消费。但是一般来说，贫穷的人总体上花的钱较少，消费速度较慢。

对于一家公司来说，我们知道如果公司拥有较少的钱，其消费速度一般较慢。这家企业几乎不能买任何的原料来生产最终产品，也就不能够维持高的消费速度。尽管存在这样的特例，例如在一些社会中，有一些公司很缺钱，但是它们的消费速度很高。然而一般来说，收入少的公司倾向于维持较慢的消费速度。

对于政府来说，我们知道政府可以控制其货币消费速度。当一个政府需要钱的时候，它可以征税。在这里我们主要讨论的是自由市场中 GDP 的波动，没有政府管制的自由市场也是有经济波动的，所以我们的讨论可以忽略政府消费速度这个因素。

在讨论完单个人或者单个公司的消费速度之后，我们可以进一步讨论整个经济系统的消费速度。

如果把之前我们讨论过的结论综合起来，我们可以知道如果现在的 GDP 很好，或者可以说 dGDP（dGDP = t × w × dTC）很大，这个时候市场中的人一般是富有的，他们可以维持一个高消费速度；如果现在的 GDP 很小，或者可以说 dGDP很小，市场中的人平均来说是贫穷的，他们只能维持很慢的消费速度。所以这是消费速度带来的经济波动。这就是造成 GDP 波动的第二个因素（见图 8-4）。

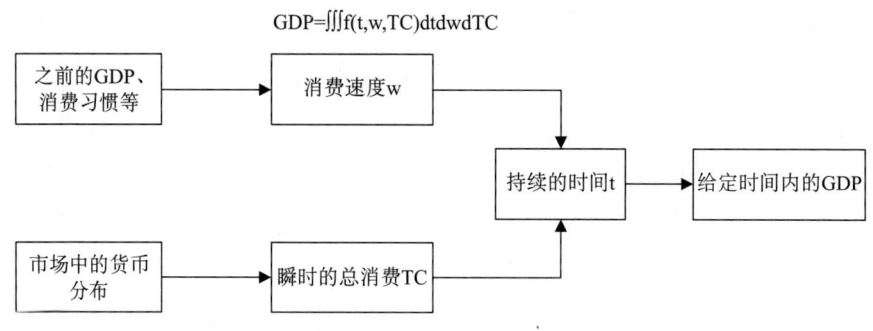

图 8-4　现在的 GDP 和消费速度之间的关系

最后我们从图 8-4 中可以看出，消费速度由以前的货币分布和以前的消费速度（习惯）决定，它是波动的。货币分布是市场活动的结果。两者都是波动的。而这两者组成了 GDP，所以 GDP 也是波动的。

所以实际上自由市场中并没有周期性的变化，自由市场更多的是一个混乱系

第八章 经济波动论

统。周期性的变化只不过是因为有的时候经济运行的齿轮加速，有的时候经济运行的齿轮减速，有的时候经济运行的齿轮匀速。加速减速运动变化也是不可预测的。

所以我们说，经济系统的运动是不可预测的，是混乱的。GDP的波动是没有秩序的。

就像上面讨论的，现在的富有或者贫穷能够影响一个人的消费速度，整个国家的富有程度能影响这个国家的消费习惯和消费速度。所以很明显，在这个混乱的没有秩序的经济体系内存在着一种反馈，这个反馈就是现在的富有或者贫穷程度、现在的收入会部分地影响以后的富有或者贫穷程度。如果现在市场上的人是富有的，他们可以维持一个较高的消费速度，在接下来的一小段时间内，他们依然可以轻易地得到较高的收入。如果市场中的人在这一瞬间是贫穷的，那么他们一般只能维持很慢的消费速度，在接下来的一小段时间内，他们很难获得很好的收入。

可以得到如下反馈图（见图8-5）。

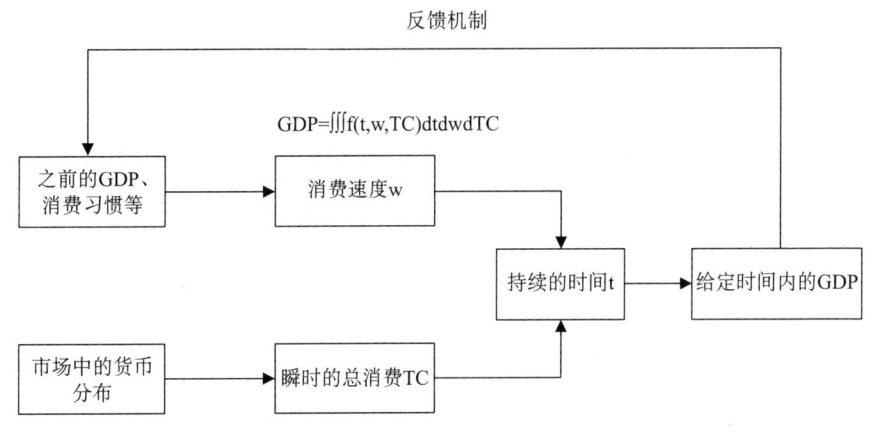

图8-5 反馈机制

把这张图简化后，我们可以得到图8-6。

现在的GDP会决定下一时刻的货币分布吗？这是可能的。当人们有较少的收入时，他们几乎不能消费，货币分布的改变将会是缓慢的；当人们有很多的收入时，他们可以轻易地进行消费，货币分布的变化将会是迅速的。但是总体而言，货币分布可以被很多其他因素影响，尽管GDP会对货币分布有影响，这个

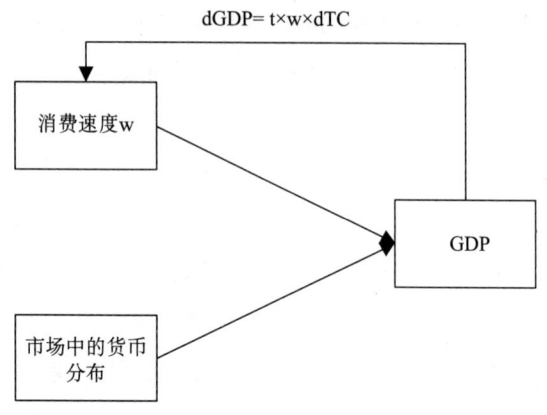

图 8-6 简化的反馈机制

影响会被许多其他因素所削弱,所以现在的 GDP 将会对货币分布产生轻微的影响,在这里我们可以忽略这种影响。

我们可以引入 PA 和 PM 反馈机制(即前文所讲的"看不见的手"),如图 8-7 所示。

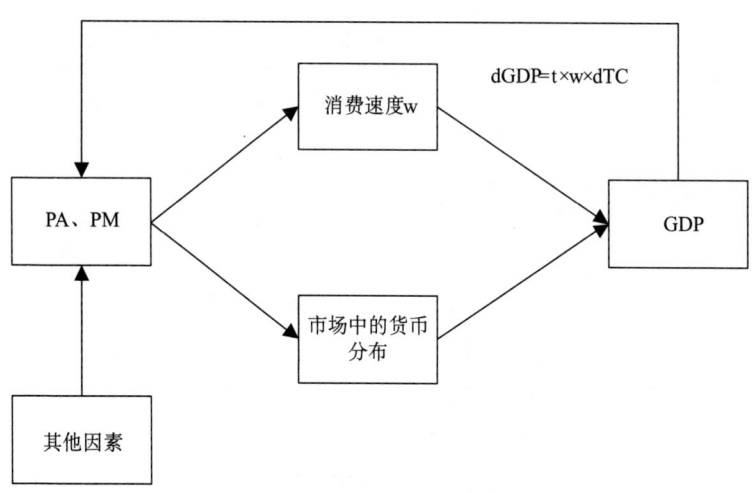

图 8-7 PA 和 PM 的反馈机制

所以现在的经济状态会影响未来的经济状态,这就像行为经济学或者索罗斯《金融炼金术》中的反身性理论。反身性理论是强调市场对于自身反馈的理论,反馈存在于市场经济的很多方面。

那么,当供给端是较小值时,是什么情况呢?此时总的交易量将由供给端决

第八章　经济波动论

定，所以 GDP 的波动完全由供给端来决定。如果供给方生产加速，就会有较高的 GDP 或者说较高的国民收入；如果供给方生产减速，就会有较低的 GDP 或者说较少的国民收入。此时的 GDP 会更有规律，而提高 GDP 的手段就是尽可能地提高生产能力。

那么还有其他因素也会决定供给端生产多少商品吗？如果商品的利润较高，人们就会愿意生产更多商品，在这个过程中 GDP 就会一直增加。如果商品交易是亏损的，那么供给端就会较少生产，以避免损失，GDP 就会逐渐变小。即使是从供给端来考虑，也会有部分市场变量和个人行为的相互作用。

但是有一点是可以确定的，这个过程主要取决于供给方的行为或者人的决策，这是数学公式或者逻辑模型不能描述的，是一个更为主观的过程，是否生产更多以及生产多少完全由供给端决定。

到这里我们就完成了对影响经济波动的供给和需求端各种因素的讨论，接下来可以开始下一章的讨论。

第九章
经济危机论

在市场经济出现后的数百年历史中出现了多次经济危机，其中一些是全球性的，波及甚广。其中最严重的当属1929年起始于美国的经济大萧条。而在2008年，也发生过一场影响全球的经济危机，是由美国次贷危机引发的全球范围内的经济萧条。毫无疑问，经济危机是探讨经济理论时不可避免的话题。

在本章中，我将从货币旋转的角度去分析经济危机，从而建立本书的经济危机理论。由于我们的生活已经远离1929年那个时代，并且由于凯恩斯经济学的开创和凯恩斯主义在市场、在经济中的应用，现代社会已经较少发生经济危机。因此，我需要在本章引入大量节选以及一些历史的记载来帮助读者去想象历史上百业萧条的昏暗年代。接下来，我们将开始对经济危机这个话题的讨论。

在开始我们的讨论之前，我们先看一下下面的引用的内容。以下内容源自罗伯特·海尔布罗纳先生的《几位著名经济思想家的生平、时代和思想》，这段文字主要是关于1929年大萧条的相关记述。罗伯特·海尔布罗纳形象生动地描绘出了当时绝望的情形，这里面的数据对于我们进行经济危机的研究是很有意义的。

> 诚然，繁荣的迹象处处可见。美国在20世纪20年代后期，全国就业人数达4,500万，工资、地租、利润和利息总额共达约770亿美元。这样大的收入，同世界上以前所看到的情况是无法比拟的。当时赫伯特·胡佛总统说：

第九章　经济危机论

"靠了上帝的恩惠,在不久的将来,贫穷将在我国绝迹。"这句话也许说得目光过于短浅,可是,谁不是这样想的呢?他的话所根据的是这样一个颠扑不破的事实:就美国的普通家庭说来,与世界上迄今为止的其他任何国家的普通家庭比较,在衣、食、住和生活享受方面都是独步一时的。

这个国家自有它新的憧憬,其意气昂扬的气势,远非所谓"强盗贵族"的海盗式理想可比。民主党议长约翰·J. 拉斯科布在《妇女家庭杂志》上写了一篇文章,其标题是"每个人都应当富裕起来"。他说:"如果每人每周节省 15 美元,用以投资于可靠的普通股,到 20 年之后他至少可得 8 万元用以投资,每月可得收入约 4 百元,他这就可以富裕起来。"

根据这个计算,假定的只是此人以其收入的一部分不断地进行再投资,其所投之资则按周年 6 厘计息。但是,这里还有 1 个更加诱人的生财之道。假使 1 个拉斯科布的信徒把他的收入花费掉,只让他的资金按股票价格的动向增长,他也会同样迅速地达到目的,而在过程中所受到的痛苦却要少得多。假定他 1921 年用每周节省 15 美元的办法得到 780 美元,并将其用来购买股票。到 1922 年,他的资金将是 1,092 美元。如果他每年投资 780 美元,于 1925 年时他已拥有 4,800 美元,1 年之后将是 6,900 美元,1927 年时将是 8,800 美元,1928 年时,将是难以置信的 16,000 美元。难以置信吗?而到 1929 年 5 月时,他的财产将超过 21,000 美元。在不到 9 年的时间,他的储蓄 7,020 美元将增至 3 倍。当这个以多头占优势的市场,以几乎无间断的涨势,持续了差不多半个世纪之久时,如果有人认为这是致富捷径,谁能说他不对呢?理发师或擦皮鞋的人,银行业者或商人,个个在赌博,每个人都满载而归,这时在多数人心目中的唯一问题是,为什么在以前从来没有想到这样做?

结局是无须多说的。1929 年 10 月末那个可怕的一周,市场一下子崩溃了。对证券交易所场内的经纪人来说,就像尼亚加拉瀑布从窗户里冲了进来,市场上一片叫卖声,翻江倒海般而至,他们无法应付。他们叫嚷得声嘶力竭也找不到 1 个买主。眼看着大量财富,如阳光下的冰雪,都化成了水。

当一场风暴过去,痛定思痛,看一看这场风暴带来的损失时,情况是非常可怕的。两年来所赢得的阵地,在这昏天黑地的两个月里完全丧失了,整

自由市场经济发展和货币流动理论
——货币旋转理论的研究

整400亿美元的价值化为乌有。投资者3年前通过浮夸的估值,比方说21,000美元的财产,3年后不但无所增益,倒反减去了80%;原来7,000美元的储蓄额,而今只值4,000美元。那种认为"个个都是财主"的想法,结果证明原来是荒诞之词。

现在回想起来才明白,这场风暴是无可避免的。证券市场是在无数贷款的支持之下建立起来的,它仅能承受这么多压力,再多就受不住了。而且还不止如此,支持着繁荣这一壮丽景色的,有些都是枯枝朽木,它们本身就不可靠。议长拉斯科布提出的退休方案,在数字计算上是精确的,但是,当1个人的平均工资只有30美元,而要他拿出15美元来储蓄这一问题没有解决时,这个方案将如何实现?

就国民收入数额之巨大说来,无疑是赫赫扬扬,令人叹羡的,但是从它的分配中会看到,其间存在着极其显著的不均和不公平。处于金字塔式社会结构顶端的约2.4万户家庭的收入,约3倍于处于金字塔底层的6百万户家庭的收入;前者各户的平均收入,高于后者约630倍。这一点还不是在社会上表现出来的唯一缺点。在无限繁荣这类喧嚣的背后是,有两百万居民陷于失业状态,银行的门面尽管富丽堂皇,而在大萧条到来之前的6年间,平均每天有两家银行倒闭。还有,一般美国人喜欢用自我毁灭的方式来利用繁荣,他们竭其所能地进行抵押借债,在购货时可以分期付款的诱惑下,危险地扩大其资源。最糟的是,因为求财心切,盲目地买进数量大得惊人的股票,据估计达3亿股,而买进时的方式不是一手交款一手取货,而是用缴纳保证金,即信用借款的方式。

对于结局是否会避免,当时是无人看得清的。那时,总是传播着一些使人对国家的经济状况感到振奋的消息。即使像耶鲁大学的欧文·费希尔那样著名的经济学家也被繁荣的表面迹象所欺骗,说我们正在向着"无边际的高原"行进,这句话正好成为了当时的笑柄,因为在此后的一星期,证券即跌落到这个高原的边缘之外。

这种现象尽管是激动人心的,但是证券价格的狂跌,并不是最足以摧毁"永不会完结的繁荣"的一个时代的信心的唯一因素。它是内部所固有的,

第九章 经济危机论

> 不是被某一现象所激发的。在这段黑暗的岁月里,有几件事也许有助于说明问题。在印第安纳州的芒西,于1930年终时,每4个工厂里的工人就有1个失业。在芝加哥,女工每小时的收入,大多数低于25美分,其中四分之一的女工每小时收入还不到10美分。单是在纽约的鲍厄里街,每天就有两千个失业者排队领取食物救济。全国住房建筑一下子减少了95%,900万家储蓄账户化为乌有。商号关掉了85,000家。全国薪金数额缩减了40%,股息减少了56%,工资减少了60%。
>
> 在这次大萧条中最使人沮丧的是,瞻望前途,黑暗似乎将无止境地持续下去,没有转机,没有解除痛苦的希望。1930年,政府果敢地号召"好日子又要来了"。但是事与愿违,国民收入从870亿降至730亿元。1931年流行的歌曲是《我赢得了5元钱》,这时国民收入继续降低到590亿元。1932年的歌声就更加凄凉了:《兄弟,你能不能施舍一毛钱?》,这时国民收入则降到420亿元。
>
> 1933年,这个国家实际上已处于瘫痪状态,国民收入已降至390亿美元。在4年前所看到的繁荣,而今大半已消失得无影无踪。一般的生活水平已经退回到20年前的水平。有1,400万人找不到工作,闲坐在家里,或是在大街上逛来逛去。看上去好像美国人已经永无振作起来的希望,从此将一蹶不振。
>
> 最难忍受的是失业。成百万找不到工作的人,对国家说来就好像是肌体上的赘疣。一般经济学家对此只是说制度上出了毛病,只能搓手顿足而无计可施,既不知症结所在,也拿不出治疗方案。失业——这种形态的失业是制度病态中从来没有见过的,是超出常情之外的,是荒谬绝伦的,从而是不可能的。但是它的确存在着。[①]

从上文的描述可以想象当时情况之惨烈,经济萧条之严重。下面我们将借用之前的工具来分析这场危机。我们在前面几章节的讨论中总结出市场中存在3种货币流动过程,所有其他的货币流动过程都是这3种的组合。

我们定义了总的薪水为在单位时间内企业发放给所有的个体的薪酬,包括工

[①] 《几位著名经济思想家的生平、时代和思想》,罗伯特·海尔布罗纳著。

人的薪水和企业家的报酬；总的消费为在单位时间内市场上所有的消费者，包括工人、企业家以及企业本身所做出的购买企业生产的商品和服务总的消费。

我们假设有两个临界点，分别是统一全薪酬（用 UTS 表示）和统一全消费（用 UTC 表示），UTC 和 UTS 是决定个体和企业富有与否的临界点。在 UTS 和 UTC 上，人们即不富有也不贫穷，所以他们会保持他们的消费速度和总的薪水，保持他们现有的消费状态。考虑到我们之前的假设前提，即富有的企业或个人倾向于消费，同时贫穷的企业或个人不倾向于花钱，我们一共有 3 个状态。

（1）统一状态。假设真实的全薪酬是 UTS、真实的全消费是 UTC，我们把这种状态称为统一状态。在这种状态下，企业的总利润不会改变，总薪水不会改变，总消费也不会改变，循环会一致持续不会改变，货币在市场中旋转，其速度和流量不发生改变。

（2）正反馈。假设真实的全消费（RTC）是大于 UTC 的、真实的全薪酬（RTS）是大于 UTS 的，我们发现企业的利润会增加。企业能够提供更多的职位并且支付更高的薪水，所以总真实薪水会增加，这将导致人们手上持有的货币增加。进一步来说，总消费也会增加，循环持续，RTC 和 RTS 会一直增加直到达到生产力的限制。货币流动速度在这个过程中一直加快。

（3）负反馈。假设真实的全消费（RTC）是小于 UTC 的、真实的全薪酬（RTS）是小于 UTS 的，我们发现企业的总收入会减少，因此企业会裁掉部分员工或者降低员工的薪水。因此，总的薪水减少，个体会得到更少的钱，总消费进一步减少，循环持续，直到 RTC 和 RTS 减少到一个很低的量，这个量仅仅能满足市场上大部分人的基本需求，甚至无法满足他们的需求。货币旋转的速度越来越慢，保持一个很低的转速。因为人们有基本的需求，例如对食物的需求，他们必须要去消费，所以货币的流动不会停止。

通过以前的分析，我们可以看出货币在市场中的运动是一个循环，因此这个循环是可以被打断的。如果市场中货币的流动中断了，我们可以推测，这可能是经济萧条或者危机发生了。

根据之前的公式：

$$GDP = \iiint f(t,w,TC) \, dt \, dw \, dTC$$

或者

第九章 经济危机论

$$GDP = t \times w \times TC = t \times \min(W_a, W_m) \times TC$$

我们知道所谓的经济萧条或者经济危机是指国民收入以超低的水平或者近乎为零的水平持续很长的时间。时间 t 在这里是不可控的，时间是一直在匀速流逝的（在这里不考虑相对论的时空观，我们所讨论的市场一直处于低速时空中），所以它不会是导致经济危机的变量。所以我们知道，经济危机的根源来自瞬时总消费 TC 和消费速度 w 或者 $\min(W_a, W_m)$。

瞬时总消费 TC 是一个取决于货币分布的变量。而货币分布在没有政府干预的情况下，是由市场上的人决定的或者市场自发演变的，所以这是一个可能让市场自发进入经济危机的变量。当货币分布发生改变时，TC 可能变得极低，以致让 GDP 变得极低，当这种情况持续很长一段时间时，经济危机就发生了。

我要在这里设置两个阈值变量，设置这两个阈值变量的目的是用来衡量货币在市场中循环旋转的临界点。低于这两个阈值时，货币在市场中的循环将被打断。

（1）临界全薪酬 p_0 当真实全薪酬 RTS 低于临界全薪酬 p_0 时，企业付给个体的工资不足以给予市场上的消费者足够的消费能力。因此企业面临需求不足，企业不能够盈利，所以它只能裁员甚至申请破产。在这个薪水值 p_0 下，货币不能够在市场上旋转，货币的循环流动将被中止，经济危机会发生。

（2）临界全消费 c_0 如果真实的全消费 RTC 低于 c_0，市场上几乎没有货币从个体流向企业，企业没有盈利收入。毫无疑问，企业会裁员甚至破产。在这个时候，几乎没有货币从企业流向员工。因此，低于这个消费量 c_0，社会会进入经济萧条甚至会出现经济危机。

总结来说，p_0 和 c_0 是不能够让货币在市场上流通旋转的临界值，也是可能导致经济危机的临界值。那么为什么会有两个临界值呢？答案是显而易见的。根据我们第七章的讨论，我们有货币流动速度：

$$w = \min(W_a, W_m)$$

$$GDP = t \times w \times TC = t \times \min(W_a, W_m) \times TC = t \times \min(W_a \times TC, W_m \times TC)$$

在这里，货币从个人流向企业（总消费）的流速是 W_a，货币从企业流向个人（包括工人和企业家）的流速是 W_m，实际的货币流速是由 W_a 和 W_m 共同决定的。可以看出，p_0 是 $W_m \times TC$ 的临界值，而 c_0 是 $W_a \times TC$ 的临界值。当 $W_m \times TC$ 小于 p_0 或者 $W_a \times TC$ 小于 c_0 时，最终的 $w \times TC$ 会是一个很小的值，这个

自由市场经济发展和货币流动理论
——货币旋转理论的研究

值会使得 GDP 变得很低,这个值是可能引发经济危机的单位时间内的临界货币流量。

通过以前的讨论我们知道,如果真实全薪酬 RTS 低于临界全薪酬 p_0,或者真实全消费 RTC 低于临界全消费 c_0,就会导致货币在市场中的流速变慢,甚至停止流动,然后可能导致经济危机的发生。基于此分析,我们有如下结论:

在市场上所有会导致货币循环流动停止中断的因素也是导致市场上出现萧条甚至危机的因素。我们把所有可能的因素总结如下:

(1)大多数的人停止工作,例如罢工。当市场上大多数人参与罢工的时候,几乎没有货币从企业流向个人,实际全薪酬 RTS 会低于 p_0,并且 PM(个体对于金钱的欲望)不复存在。当"看不见的手"不存在了,经济就停滞了。

(2)大多数人停止消费。当大多数人停止消费时,真实全消费低于 c_0,并且 PA(人们对商品和服务的欲望)不再存在。

(3)自然灾害。严重的自然灾害可以同时摧毁 PA 和 PM,当人们因为自然灾害而死亡,自然就没有 PA 和 PM 了。

(4)自由市场自身的缺陷导致的经济危机(我会在后面的部分讨论这个内容)。

从这些结论中可以看出,经济危机是不可预测的,因为有很多的因素都会导致货币的旋转停止,而这些因素都是不可预测的。我们能知道的仅仅是,有些因素有较高的可能性导致经济危机的发生。并且我们还可以知道,是市场上人们的行为导致经济的齿轮停止转动。

这里详细讨论一下几种不同类型的经济危机。

(1)自发性的经济危机。自发性经济危机的产生是因为商业活动以及市场上货币的流动存在一定的可能性,其真实总消费量低于阈值 c_0,这意味着处于需求端的"看不见的手"或者 PA 被毁掉了。人们不能够买商品和服务,因为他们没有钱。货币在市场中的旋转不能继续了。

(2)所有其他类型的经济危机。所有其他类型的经济危机都是因为各种因素导致了"看不见的两只手"(PA 和 PM)被毁掉了,市场上的货币循环旋转被中断或者破坏了。

那么有哪些解救经济危机的有效政策呢?在这里我首先申明,政府的职责是

第九章 经济危机论

尽量恢复甚至扩大 PA 和 PM 的作用。政府针对经济危机的政策如下：

（1）对于所有类型的经济危机来说，政府应该做的就是恢复 PA 和 PM，所以需要恢复供给和需求两端的力量。例如恢复生产力，同时鼓励人们去花钱。

（2）对于市场上自发性的经济危机，有两种情形：①没有通货膨胀的自发性的经济危机，政府可以通过印钱，并且把印的这部分钱发给需要它的人。例如，政府通过印钱，可以把消费能力从 γ 转移到 α 和 β，消费能力得以恢复，或者说货币的流动得以恢复，真实总消费是一个大于 c_0 的值，让经济的循环可以继续。②通货膨胀本身可以让真实全消费 RTC 低于 c_0。当发生了很严重的通货膨胀时，市场上商品的价格足够高，人们手上持有的货币不足以购买这些商品。或者说商品价格过高，人们不愿意花钱，这样消费速度就变慢了，经济危机就有可能发生。对于这种经济危机，我们可以利用"看不见的手"来恢复经济，也就是说，政府或者企业尽力找到让大量的货币从企业流向个体的方法，例如鼓励企业多付给员工工资，同时鼓励人们尽可能地多消费，同时兴建大型公共工程。当货币的旋转或者说经济的循环步入正轨甚至进入了正反馈，整个社会就会恢复繁荣。

那么，发生经济危机时就业会如何变化呢？在这里根据：

$$w = \min(W_a, W_m)$$

我们得出当经济危机发生时，w 变小，市场上的货币旋转速度变小，货币流速变慢。根据我们的就业公式：

$$N_{real} = TSW/S_{average}$$

$S_{average}$，即平均薪水受限于合同的制约，一般短期内不会有太大的变化；TSW 是总的货币流量。根据公式，w 减少，TSW 也减少，所以最后的实际就业量会下降。

接下来我们试着用我们建立的模型来分析罗伯特·海尔布罗纳《几位著名经济思想家的生平、时代和思想》中描述的大萧条时的情景。

> 结局是无须多说的。1929 年 10 月末那个可怕的一周，市场一下子崩溃了。对证券交易所场内的经纪人来说，就像尼亚加拉瀑布从窗户里冲了进来，市场上一片叫卖声，翻江倒海般而至，他们无法应付。他们叫嚷得声嘶力竭也找不到 1 个买主。眼看着大量财富，如阳光下的冰雪，都化成了水。[①]

[①]《几位著名经济思想家的生平、时代和思想》，罗伯特·海尔布罗纳著。

自由市场经济发展和货币流动理论
——货币旋转理论的研究

股票市场的忽然坍塌导致市场上很多人失去了他们的财富,并且由于股票价格的暴跌,他们所持有的股票并不能换来钱,所以一大部分人没有了收入来源。因此,市场上货币在不同团体间的分布不均匀。并且由于股票市场的骤降,一些人不能通过出售股票获得足够的钱,这种货币不均匀的分布很难在短时间内改变。

> 当一场风暴过去,痛定思痛,看一看这场风暴带来的损失时,情况是非常可怕的。两年来所赢得的阵地,在这昏天黑地的两个月里完全丧失了,整整400亿美元的价值化为乌有。投资者3年前通过浮夸的估值,比方说21,000美元的财产,3年后不但无所增益,倒反减去了80%;原来7,000美元的储蓄额,而今只值4,000美元。那种认为"个个都是财主"的想法,结果证明原来是荒诞之词。[①]

市场中存在大量的泡沫,经济危机发生后过去浮夸的估值和财富瞬间消失。

> 现在回想起来才明白,这场风暴是无可避免的。证券市场是在无数贷款的支持之下建立起来的,它仅能承受这么多压力,再多就受不住了。而且还不止如此,支持着繁荣这一壮丽景色的,有些都是枯枝朽木,它们本身就不可靠。议长拉斯科布提出的退休方案,在数字计算上是精确的,但是,当1个人的平均工资只有30美元,而要他拿出15美元来储蓄这一问题没有解决时,这个方案将如何实现?
>
> 就国民收入数额之巨大说来,无疑是赫赫扬扬,令人叹羡的,但是从它的分配中会看到,其间存在着极其显著的不均和不公平。处于金字塔式社会结构顶端的约2.4万户家庭的收入,约3倍于处于金字塔底层的6百万户家庭的收入;前者各户的平均收入,高于后者约630倍。这一点还不是在社会上表现出来的唯一缺点。在无限繁荣这类喧嚣的背后是,有两百万居民陷于失业状态,银行的门面尽管富丽堂皇,而在大萧条到来之前的6年间,平均每天有两家银行倒闭。还有,一般美国人喜欢用自我毁灭的方式来利用繁荣,他们竭其所能地进行抵押借债,在购货时可以分期付款的诱惑下,危险地扩

---

① 《几位著名经济思想家的生平、时代和思想》,罗伯特·海尔布罗纳著。

第九章 经济危机论

> 大其资源。最糟的是，因为求财心切，盲目地买进数量大得惊人的股票，据估计约达 3 亿股，而买进时的方式不是一手交款一手取货，而是用缴纳保证金，即信用借款的方式。①

从这段文字中可以明显地看出货币和财富不均地分布。根据前几章节的讨论，货币的不均匀分布会导致总消费变小，总消费变小会导致市场进入负反馈状态。而股市的暴跌，直接将市场总消费跌至低于阈值 c_0。

> 对于结局是否会避免，当时是无人看得清的。那时，总是传播着一些使人对国家的经济状况感到振奋的消息。即使像耶鲁大学的欧文·费希尔那样著名的经济学家也被繁荣的表面迹象所欺骗，说我们正在向着"无边际的高原"行进，这句话正好成为了当时的笑柄，因为在此后的一星期，证券竟跌落到这个高原的边缘之外。
>
> 这种现象尽管是激动人心的，但是证券价格的狂跌，并不是最足以摧毁"永不会完结的繁荣"的一个时代的信心的唯一因素。它是内部所固有的，不是被某一现象所激发的。在这段黑暗的岁月里，有几件事也许有助于说明问题。在印第安纳州的芒西，于 1930 年终时，每 4 个工厂里的工人就有 1 个失业。在芝加哥，女工每小时的收入，大多数低于 25 美分，其中四分之一的女工每小时收入还不到 10 美分。单是在纽约的鲍厄里街，每天就有两千个失业者排队领取食物救济。全国住房建筑一下子减少了 95%，900 万家储蓄账户化为乌有。商号关掉了 85,000 家。全国薪金数额缩减了 40%，股息减少了 56%，工资减少了 60%。②

股票市场的突然崩溃导致了货币的不均匀的分布，进而导致总消费量低于阈值 c_0，经济发展进入了负反馈，这时货币的流动十分缓慢。根据我们的就业公式 $N_{real} = TSW / S_{average}$，会让 TSW 变小，将导致对劳动力的需求减少，薪水降低失业增加。因为企业家的收入更少了，他们更不愿意支付劳动力所需的薪水工资。根据我们在第六章和第七章的讨论，每一个人都会变得更穷。

---

① 《几位著名经济思想家的生平、时代和思想》，罗伯特·海尔布罗纳著。
② 《几位著名经济思想家的生平、时代和思想》，罗伯特·海尔布罗纳著。

自由市场经济发展和货币流动理论
——货币旋转理论的研究

> 在这次大萧条中最使人沮丧的是,瞻望前途,黑暗似乎将无止境地持续下去,没有转机,没有解除痛苦的希望。1930 年,政府果敢地号召"好日子又要来了",但是事与愿违,国民收入从 870 亿降至 730 亿元。1931 年流行的歌曲是《我赢得了 5 元钱》,这时国民收入继续降低到 590 亿元。1932 年的歌声就更加凄凉了:《兄弟,你能不能施舍一毛钱?》,这时国民收入则降到 420 亿元。
>
> 1933 年,这个国家实际上已处于瘫痪状态,国民收入已降至 390 亿美元。在 4 年前所看到的繁荣,而今大半已消失得无影无踪。一般的生活水平已经退回到 20 年前的水平。有 1,400 万人找不到工作,闲坐在家里,或是在大街上逛来逛去。看上去好像美国人已经永无振作起来的希望,从此将一蹶不振。
>
> 最难忍受的是失业。成百万找不到工作的人,对国家说来就好像是肌体上的赘疣。一般经济学家对此只是说制度上出了毛病,只能搓手顿足而无计可施,既不知症结所在,也拿不出治疗方案。失业——这种形态的失业是制度病态中从来没有见过的,是超出常情之外的,是荒谬绝伦的,从而是不可能的。但是它的确存在着。[①]

这明显是经济的负反馈状态,当人们贫穷的时候,他们会将更少的钱用于消费。然后负反馈会导致人们更加贫穷。经济萧条带来失业,国民收入持续降低。Wm 和 Wa 也持续降低,货币在市场中几乎处于不流通,或者说不旋转的状态。

我们进一步从不同于传统的角度来帮助读者理解在我的理论和模型中经济危机是如何形成的。我将主要从货币的流动这个视角去分析经济危机,这是完全不同于现代主流经济学的,现代主流经济学没有关于货币流动的描述。

在现代主流经济学教科书中,关于供给与需求和现代市场的描述大多与图 9-1 类似。

根据我们对市场的观察,可以得到市场简化图,如图 9-2 所示。

从图 9-2 中,我们可以很容易地了解到公司或企业是产品市场的供给方,劳动力市场的需求方;而大众家庭是劳动力市场的供给方和产品市场的需求方。

---

① 《几位著名经济思想家的生平、时代和思想》,罗伯特·海尔布罗纳著。

第九章　经济危机论

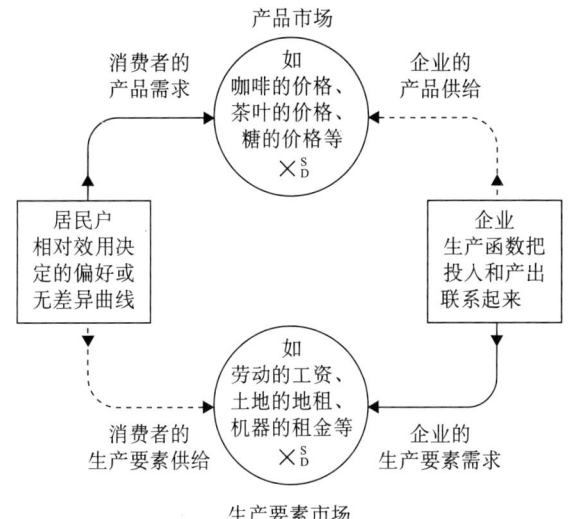

图 9-1　市场总图①

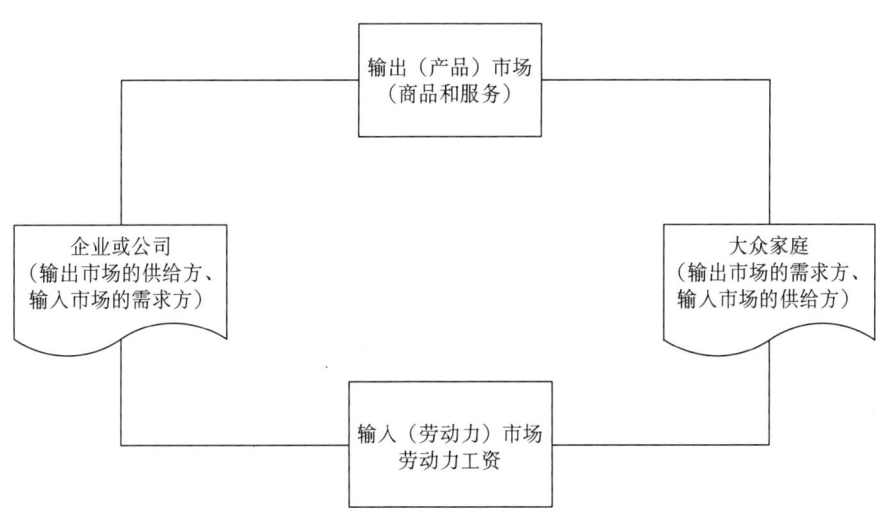

图 9-2　简化市场总图

下面让我们再来分析一下图 9-2 中货币的流动。

我们可以这样来分析货币的流动：当市场上的人从产品市场上购买商品和服务的时候，这些人支付了货币，进而公司或企业赚到了钱，所以货币从家庭流向了公司，如图 9-3 所示。

---

① 《西方经济学》，第六版，高鸿业编著。

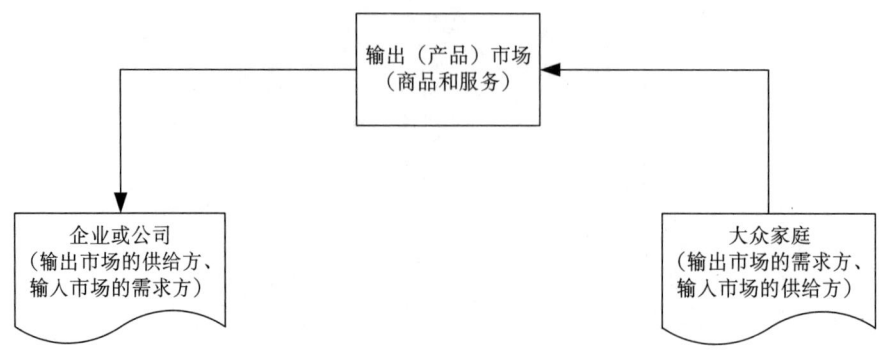

图 9-3　产品市场货币流动

当公司或企业从劳动力市场上购买劳动力,他们会向提供这些劳动力的家庭支付工资。另外,它们也会支付租金和购买其他的生产资料。但是这些生产资料归根结底都是家庭提供的,所以货币会从公司或企业流向家庭。我们就会得出另外一部分的货币流动,如图 9-4 所示。

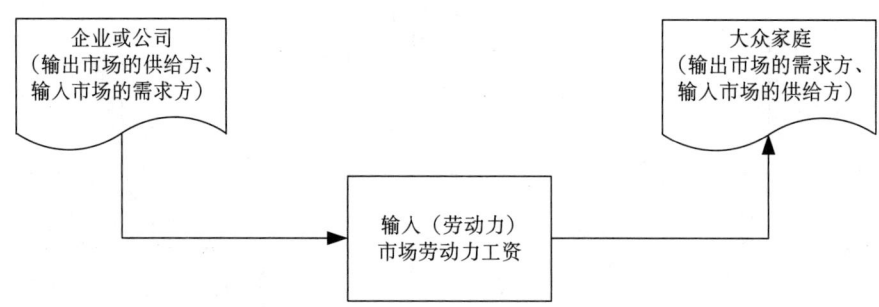

图 9-4　劳动力市场货币流动

所以我们可以推测出货币在市场中不停地流动,货币在供给和需求之间不停地旋转流动,从而得出图 9-5。

这样我们就可以从另外一个角度去讨论经济危机的本质。在通常的理论中,比如凯恩斯的理论认为导致经济危机的原因是需求不足。从图 9-5 中我们可以得知,需求不足发生在图的上半部分。因为需求不足,没有足够的钱从家庭流向企业或公司(见图 9-6)。

因此实际上,经济危机是货币在这个循环体系的流动的中止,或者可以说,当货币在供给和需求之间的旋转流动被打断,货币在市场中的旋转停止,经济危机就发生了(见图 9-7)。

第九章 经济危机论

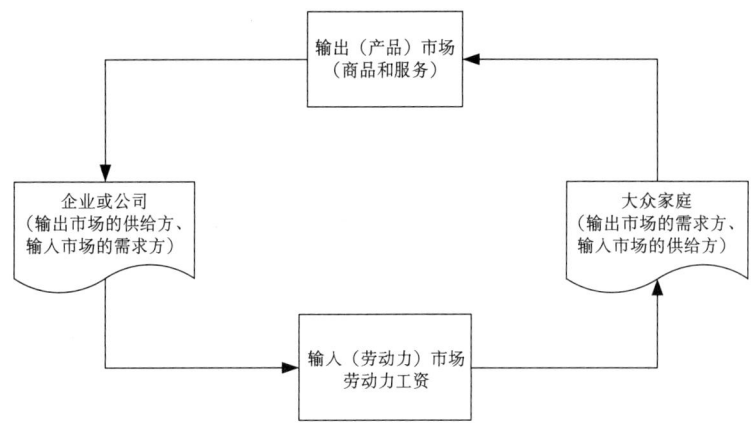

图 9-5 总市场货币流动以及流向

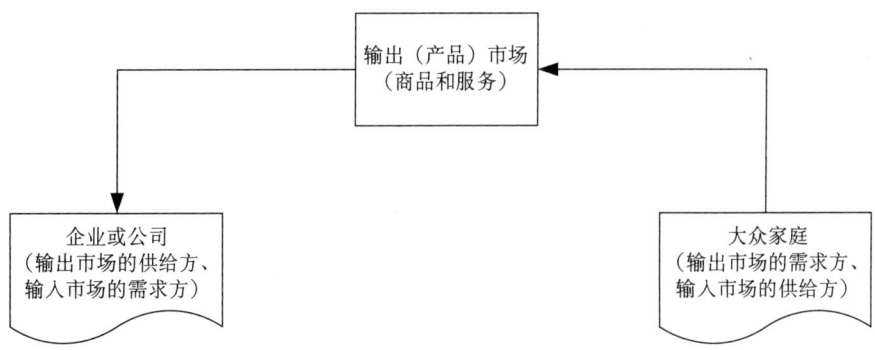

图 9-6 产品市场货币流动

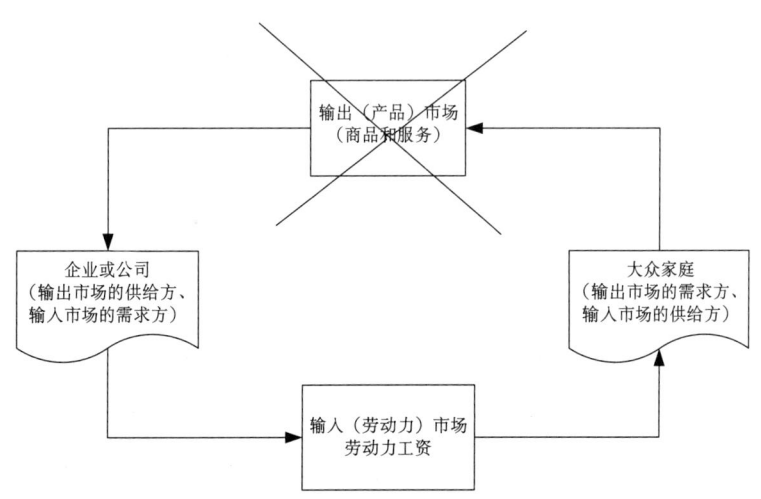

图 9-7 需求不足导致的经济危机

接下来,我们会简单地讨论经济危机在自由市场中是如何渐变发生的。我会用一个简单的机制来描述整个过程,为了让整个过程更容易理解,我不会使用任何的数学模型。我会从货币旋转理论的角度,用另外一个模型呈现经济危机的发生过程。

当经济危机发生的时候,必须有一个突发点。如图9-8所示的那样,市场上有一些公司(A公司、B公司和C公司)和它们的员工。员工从这些公司购买商品和服务,这些员工的消费是这些大公司收入的主要来源,同时员工的薪水来自这些公司。在我们的模型中,为了简化整个过程,我们假设公司之间没有互相的商业活动,也就是A公司、B公司和C公司之间不会有商业交易。

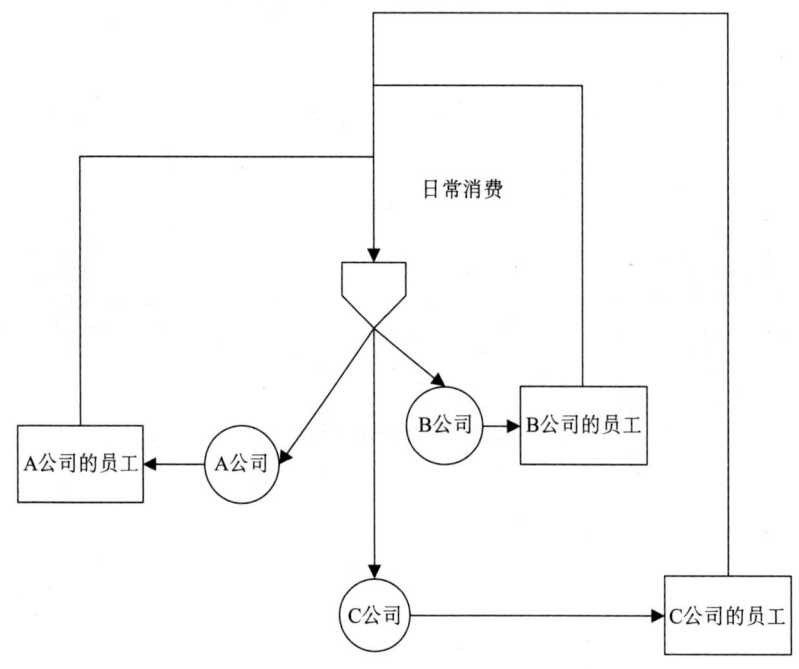

图9-8 市场的简化模型

假设这些员工从事投资活动,把他们没有消费掉的收入(储蓄)全部用于投资。一旦他们的投资失败,他们就会失去所有的非消费的收入。他们所能消费的钱就会减少,所以所有公司的收入和利润都会减少。当公司总收入减少,员工拿到手的薪水也会随之减少。进而这些员工能花的钱减少,公司的收入进一步减少,员工的薪水进一步减少。这将导致一个恶性循环,可能发展到企业无法支付

第九章 经济危机论

员工的工资,拖欠员工薪水,甚至到不得不解雇员工的地步。最终的结果是市场需求太低,生产出来的商品卖不出去,整个经济体系进入了萧条期。

接下来我们转向真实的世界,讨论一下从 2007~2009 年持续 3 年的经济危机。为了帮助我们重现那段历史,在这里我引入一些素材便于讨论。

> 在 2000 年左右,房地产市场进入了强劲的繁荣时期。与其他许多公司一样,雷曼兄弟(Lehman Brothers)越来越多地参与发行抵押支持证券、MBS 和抵押债务或 CBO。但是,与其他公司不同的是雷曼兄弟将其抵押活动持续到了 2003~2004 年,并进一步扩展到了贷款发放领域,还收购了另外 3 家贷方,其中 BNC Mortgage 和 Aurora Loan Services 两家公司都专门从事次级抵押贷款业务。
>
> 2004~2006 年,由于雷曼兄弟的房地产业务,其资本飙升了 56%,这使雷曼公司成为增长最快的投资银行和资产管理公司的一员。到 2007 年,雷曼兄弟公司报告的收入数量庞大——总收入达 193 亿美元,净收入达到创纪录的 42 亿美元。
>
> 但是对于这家银行业巨头来说,情况即将急剧恶化。
>
> 由于多种原因,包括贷方拖欠高风险贷款不还和不可持续的次级抵押贷款,房地产市场在 2006 年开始崩溃。但是,雷曼兄弟始终没有改变在房地产市场中的份额(实际上是翻了一番),2007 年资产和证券的交易额达到了 1,110 亿美元。情况的发展变得越来越明晰,这些贷款被告知不当,并且会损害企业的安全——贝尔斯登(Bear Stearns)首先觉察了这种困境。
>
> 当雷曼兄弟的竞争对手贝尔斯登被摩根大通(JMP)收购后,雷曼兄弟就受到了质疑。由于对回购协议的依赖,这一协议会为公司提供日常运营的短期资金,雷曼兄弟不得不在短时间内设法提高部分投资者已经丧失的信心——并试图在 2008 年 6 月通过筹集约 60 亿美元的股本来实现这一目标。但这并不像公司希望的那样具有说服力。
>
> 在 2008 年 9 月,雷曼兄弟宣布其第 3 季度预计亏损 39 亿美元,以及所谓的不良资产减记亏损近 56 亿美元。但雷曼兄弟仍然拼命地试图自救,声称已将其流动性提高至约 450 亿美元,所持有的抵押贷款减少了 20%,杠杆率

自由市场经济发展和货币流动理论
——货币旋转理论的研究

> 降低了约 7 个百分点。尽管采取了这些措施,但在公司宣布打算在 9 月将 500 亿美元的不良资产剥离给一家副公司之后,评级机构穆迪(MCO)仍考虑将雷曼的债务评级下调,时任美联储主席的蒂莫西·盖特纳(TimothyGeithner)开会讨论公司可能的未来。
>
> 在 2008 年 9 月的第 1 周,雷曼兄弟的股价大幅下跌,跌幅约为 77%。投资者对于雷曼公司的担忧一直在增加,尤其是随着首席执行官理查德·富尔德(RichardFuld)试图通过出售资产管理部门,与韩国开发银行建立援助关系,以及剥离商业房地产资产来维持公司的生存这一系列动作后,投资者对公司的信心越来越小。一旦投资者清楚地了解到雷曼兄弟正在下沉,其债务信用违约掉期(CDS)的飙升将达到约 66%,而对冲基金投资者的行动则表明所有人都在跳船。
>
> 一旦穆迪告诉雷曼兄弟,其必须放弃其公司的多数股份给投资者以维持其评级,雷曼公司股价在 9 月 11 日再次暴跌了约 42%——当那一周结束时,雷曼兄弟仅有 10 亿美元现金。
>
> 尽管有相关的报告说巴克莱银行(BCS)和美国银行(BAC)试图通过收购给雷曼兄弟抛出救生筏,但这些努力是徒劳的。到了 2008 年 9 月 15 日,雷曼兄弟公司宣布破产,导致公司的股票从 3 天前的收盘价暴跌了 93%。
>
> 作为一家世界上曾经最大、最成功的银行的一员,随着雷曼公司的倒闭,市场受到了前所未有的打击。从某种意义上说,今天仍然可以感觉到这种巨大的打击。①

在真实的市场中,贝尔斯登有客户和员工,贝尔斯登和其他公司也有业务往来,这些公司也包括雷曼兄弟(竞争对手也会有部分合作关系)。由于次贷的风险显露,贝尔斯登的贷款难以收回。当贝尔斯登的客户不能够偿还他们的债务的时候,贝尔斯登的收入减少,贝尔斯登的利润减少甚至没有利润,所持有的房地产抵押贷款债券市值暴跌,也无法换成收入。而且由于激烈的市场竞争和固定的合作关系,贝尔斯登难以发现其他的收入来源,因此它最终只能被收购。贝尔斯

---

① 《The Lehman Brothers Collapse and How It's Changed the Economy Today》,2018 年 9 月 12 日,Anne Sraders 撰写。

第九章 经济危机论

登尽管被收购,但是它的业务已经严重受损,近乎破产。因为贝尔斯登是雷曼兄弟的收入来源之一,随着贝尔斯登的出局,雷曼兄弟的收入也减少了。同时,贝尔斯登的部分客户也是雷曼兄弟的客户,这部分次级贷收入也会减少,雷曼兄弟也没办法扩大收入;所持有的抵押贷款债券市值暴跌,也无法换成收入;其评级被调低,股价大跌,发行股票也无法换成足够的收入。过了一段时间,雷曼公司也只能宣告破产。由于雷曼兄弟是其员工和客户公司的收入来源,雷曼兄弟的破产会导致其他公司收入减少,最终导致一系列公司破产(见图9-9)。

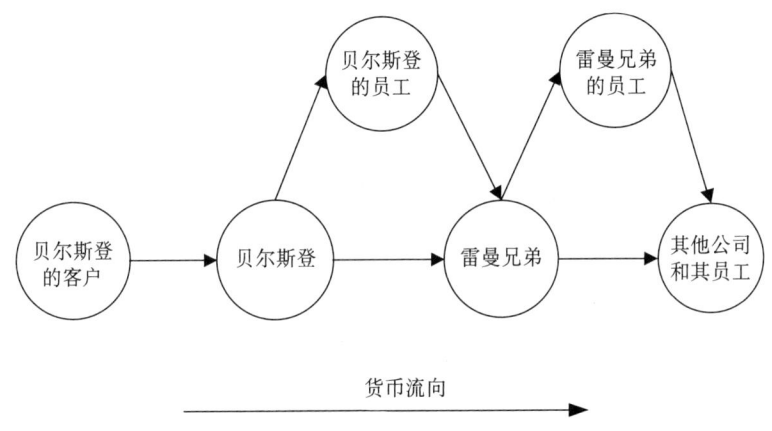

图 9-9　2008 年贝尔斯登危机货币流动链

图9-9展现了货币流动,因为源头货币的流量减少,通过这条链,最终目的地的货币流量也跟着减少。其他公司和其员工也有可能破产,导致整个经济体系被摧毁。

如果我们把3个公司看作3个货币旋转流动的圆圈,我们得出图9-10。

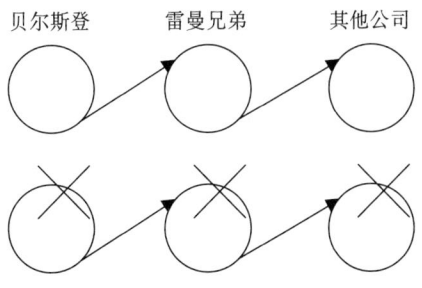

图 9-10　2008 年业务关系货币流动链

整个过程就是贝尔斯登环中的货币流动的停止导致雷曼兄弟环中货币流动的停止，进一步导致了其他的环中货币流动的停止。因为这些公司之间都有业务往来和收入往来，所以这条链中一个环节出现问题会导致连锁反应发生。

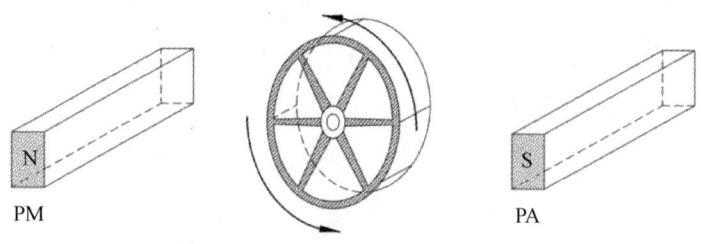

图 9-11　PA 和 PM 引擎

在这里，再来回顾一下第一章的内容：

PA（处于需求端的"看不见的手"，也可以描述为人们对于商品和服务的需求和欲望）和 PM（处于供给端的"看不见的手"，也可以这样描述为人们对于金钱的需求和欲望）就像拉动经济的两个引擎，所有其他的因素通过影响这两个引擎来影响经济的运行。PA 决定货币从个体到企业的流量和流速，PM 决定货币从企业流向个人的流量和流速，它们组合在一起共同决定一个社会的货币流动速度或者说一个社会的富裕程度。在这两个引擎的作用下，经济的齿轮开始旋转，旋转得越快，一个社会越富有。如果这个齿轮停止旋转，经济危机就会发生。

第十章
国际贸易理论

本章将主要阐述作者的国际贸易理论。在当今世界,全球贸易一体化,国际贸易是现代市场非常重要的组成部分。没有国际贸易,没有国家之间的商业往来,就会减少太多的机遇。能够合理把握国际贸易的机会才是一个国家成为经济强国的关键所在。

本章将重点分析一些历史上的经济强国,诸如西班牙、葡萄牙以及英国,是如何利用国际贸易成为一代霸主的。本章内容不具有任何偏向性,因此主要采用历史上的经济强国作为分析对象,仅从纯学术角度出发,来阐述本人的国际贸易理论,我将之命名为远洋贸易——超级经济强国模型。

当今世界经济的主题在于自由贸易,然而一些国家仍然实行贸易保护。实际上,尽管有无数的学者宣扬自由贸易的重要性,贸易保护从来就没有被人忽视。贸易保护的思想最先起源于重商主义,后来经过德国经济学大师李斯特的发展演变成为振兴民族工业的贸易保护主义理论[①]。实际上,哪怕是现在的德国,在某种意义上也是一个贸易保护的国家。贸易保护在德国经济发展历史上具有极其重要的地位,也是现代德国经济强大的根源所在。德国之所以成为经济强国,根源所在就是李斯特及其贸易保护经济思想。通过实行贸易保护和兴建民族工业,德国建立了强大的工业体系,同时拥有了一批一流的公司,诸如西门子、宝马、奔

---

① 详情参考《政治经济学的国民体系》,李斯特著。

驰、德意志银行,甚至软件行业的 SAP。此外,德国通过国家控股关键领域的企业来保护本国的核心产业。

接下来我将首先构建简单的两国贸易模型,然后扩展到多国贸易模型。我们假设这是一个完全自由竞争的市场,有两个国家(我们分别将其命名为 A 国和 B 国)互相开展自由贸易。我们假设 A 国是经济强国,拥有强大的企业和一流的产品;B 国是经济弱国,其国民收入低于 A 国,商品缺乏竞争力。我们假设这是一个现代国家,需求决定供给,总需求量决定一个国家总的国民收入。

根据我们在第八章的讨论,我们得出一个国家的国民收入为:

$$GDP = P + F + C + G$$

P 是普通本国人对本国商品和服务的需求,F 为外资对本国商品和服务的需求,C 为本国公司企业对本国商品和服务的需求,G 为政府购买支出。

由于我们之前假设,这是一个完全实行自由贸易的市场,没有政府的干预,此处我们有 G 为 0,简化公式得到:

$$GDP = P + F + C$$

我们有 A 国的国民收入:

$$GDP_A = P_A + F_A + C_A$$

同理,我们有 B 国国民收入:

$$GDP_B = P_B + F_B + C_B$$

我们可以得出 A 国的价格供给量曲线、利润供给量曲线分别为:

$$p_A = f(sq_A)$$

$$Profit_A = f(sq_A) - K_A = g(sq_A)$$

我们可以得出 B 国的价格供给量曲线、利润供给量曲线分别为:

$$p_B = f(sq_B)$$

$$Profit_B = f(sq_B) - K_B = g(sq_B)$$

我们可以得到图 10 - 1、图 10 - 2。

同样,我们假设 A 国工人的薪酬为:

$$S_A = f_A(N)$$

则 A 国工人的薪酬曲线,如图 10 - 3 所示。

第十章 国际贸易理论

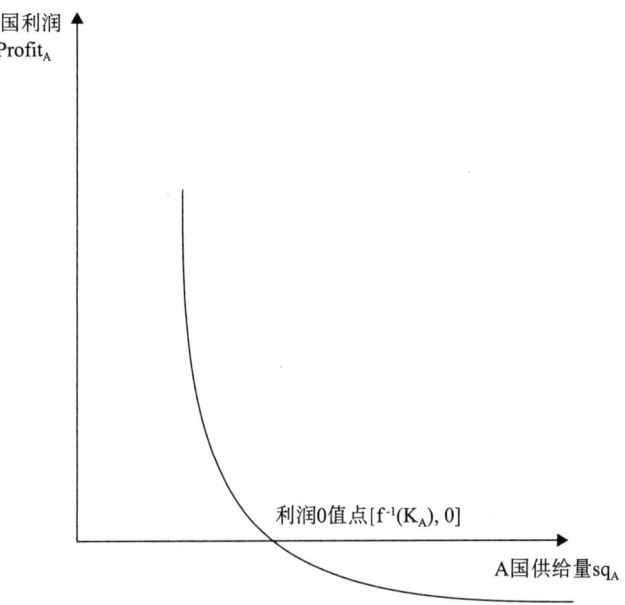

图 10-1　A 国利润与 A 国供给量关系

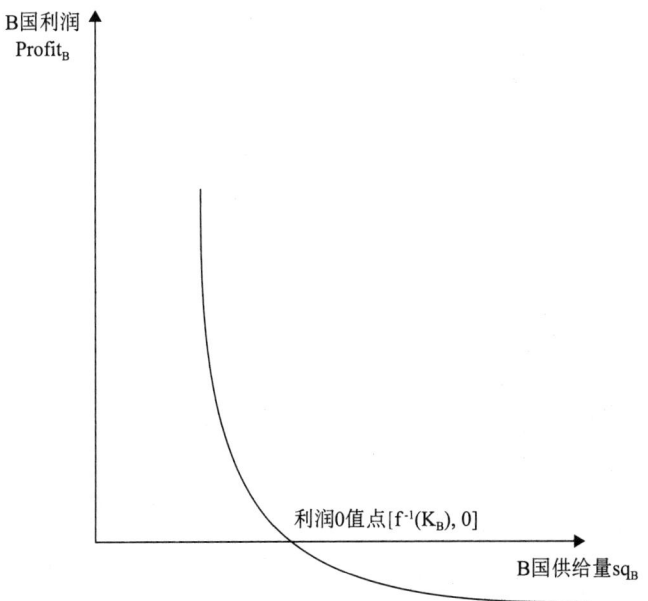

图 10-2　B 国利润与 B 国供给量关系

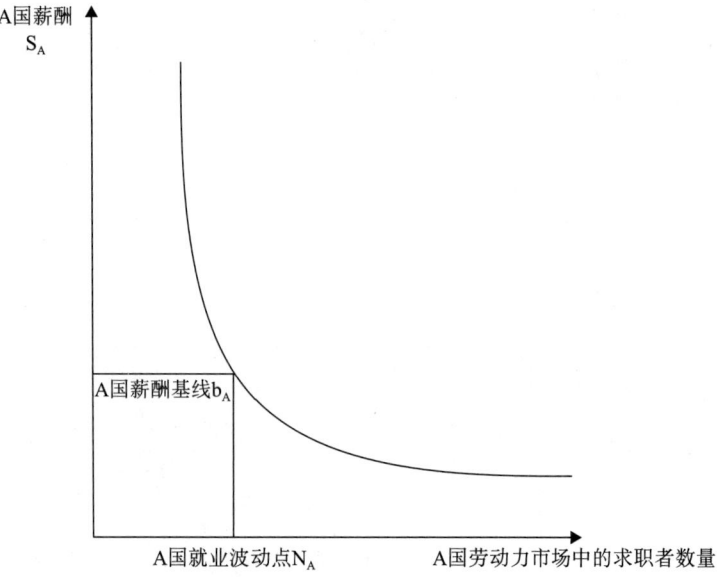

图 10 - 3　A 国工人的薪酬曲线

我们假设 B 国工人的薪酬为：

$$S_B = f_B(N)$$

则 B 国工人的薪酬曲线，如图 10 - 4 所示。

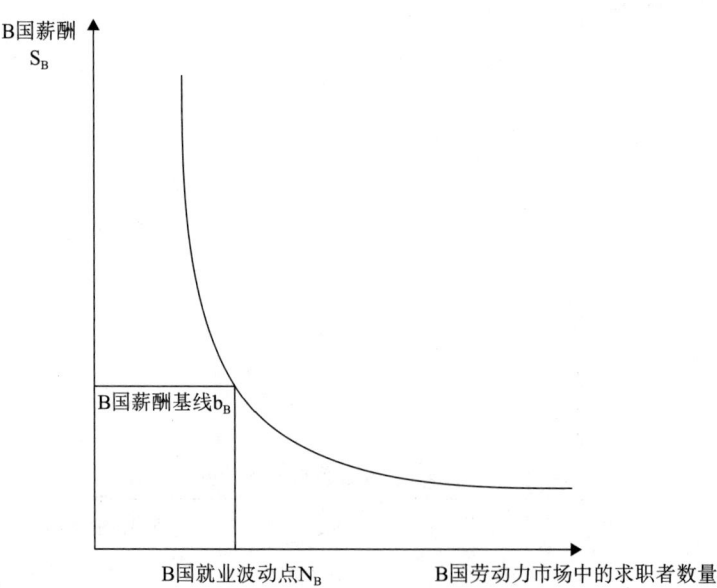

图 10 - 4　B 国工人的薪酬曲线

第十章 国际贸易理论

刚开始这两个国家没有商业来往,所以国民收入维持在以下水平:

$$GDP_A = P_A + F_A + C_A$$

$$GDP_B = P_B + F_B + C_B$$

现在我们假设 A 国和 B 国同时对外开放了市场,所以 A 国和 B 国之间可以自由贸易往来。也就是说,A 国的企业可以在 B 国自由经商,B 国的企业可以在 A 国自由经商。A 国可以购买 B 国的商品,并且可以出口商品到 B 国;B 国也可以购买 A 国的商品,并且可以出口商品到 A 国。由于是自由贸易,A 国与 B 国之间不设置任何关税。因为我们之前假设 A 国是经济强国,拥有强大的企业和一流的产品;B 国是经济弱国,本国国民收入低于 A 国,商品缺乏竞争力。在实施了完全的自由贸易之后,我们假设 A 国和 B 国居民的消费行为完全没有民族主义以及偏向性,他们将完全根据商品的质量和价格来作出购买决策,优先购买低价优质的商品。那么我们可以知道在自由贸易进行一段时间之后,B 国的企业必将于商战中败于 A 国,市场上必将充满 A 国商品。我们有现在的国民收入:

$$GDP_A{}' = P_A + F_A{}' + C_A$$

由于 B 国市场上的公司和民众都选择了 A 国商品,我们得出外资对 A 国产品的需求将会扩大。假设扩大之后的值为 $F_A{}'$,我们有:

$$F_A{}' = F_A + \Delta P + \Delta C$$

这里 ΔP 是 B 国居民对 A 国商品和服务需求的增量,ΔC 是 B 国公司对 A 国商品和服务需求的增量。因而:

$$GDP_A{}' = P_A + F_A{}' + C_A$$
$$= P_A + F_A + C_A + \Delta P + \Delta C$$

同理,由于 A 国商品带来的竞争,B 国普通消费者和公司都减少了对本国商品和服务的需求,减少量分别为:B 国普通消费者对本国商品减少的需求量为 ΔP,B 国公司对本国商品和服务减少的需求量为 ΔC。

我们有 B 国更新后的国民收入为:

$$GDP_B{}' = P_B{}' + F_B + C_B{}'$$

其中:

$$P_B{}' = P_B - \Delta P$$

$$C_B{}' = C_B - \Delta C$$

我们有 B 国的国民收入最终为：

$$GDP_B' = P_B - \Delta P + C_B - \Delta C + F_B$$
$$= P_B + F_B + C_B - \Delta P - \Delta C$$

毫无疑问，由于引入竞争，而且没有实施任何的贸易保护，经济落后国 B 国的总需求减少，经济发达国 A 国的总需求增加。因而经济落后国 B 国的国民收入减少，经济发达国 A 国的国民收入增加。

同时，我们还将得出以下结论：A 国利润与 A 国供给量关系曲线将向右上方移动，B 国利润与 B 国供给量关系曲线将向左下方移动（见图 10-5、图 10-6）。

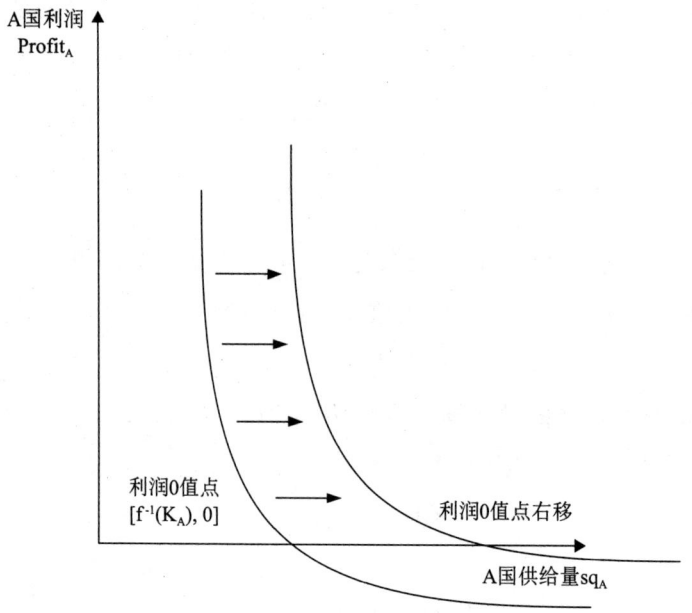

图 10-5　引入国际贸易后 A 国利润与 A 国供给量关系

由图 10-5 我们可以知道，在引入国际贸易之后，A 国的利润为 0 点右移了，说明 A 国市场上的企业更容易赚到钱，相较于之前，更不容易发生亏损，更容易获得利润；而 B 国的利润为 0 点左移了，说明 B 国市场上的企业更难赚到钱，相较于之前，更容易亏损，很难盈利。A 国市场上的供给者变多了，B 国市场上的供给者变少了。由于我们假设 A 国为经济强国，B 国为经济弱国，我们有 A 国初始的收入高于 B 国。由于国际贸易的引入，A 国变得更加富有，B 国变得

第十章 国际贸易理论

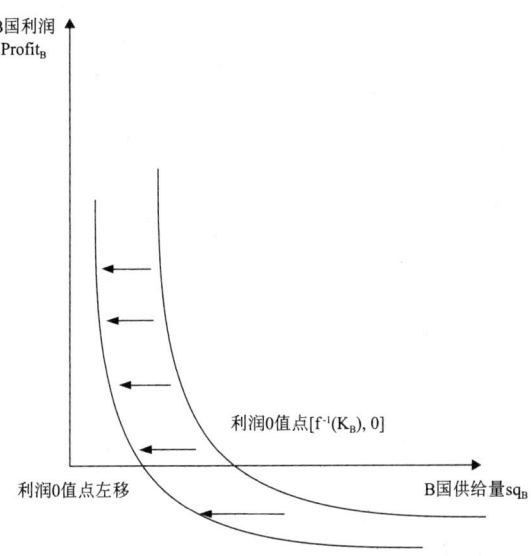

图 10-6　引入国际贸易后 B 国利润与 B 国供给量关系

更加贫穷。A 国进一步通过技术封锁，维持了其经济强国地位。

再引入我们之前所创立的工资就业分析工具。由于国际贸易的引入，A 国的总需求增加，因而市场供不应求，企业会增大对劳动力的需求。根据公式 $S_A' = f_A'(N)$，我们有 A 国薪酬曲线变化，见图 10-7。

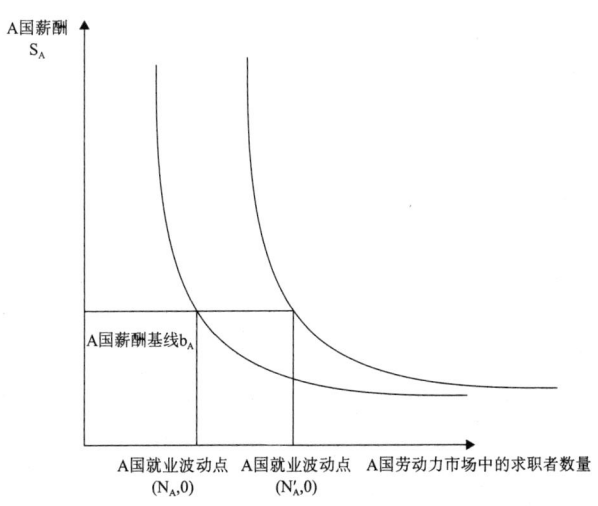

图 10-7　引入国际贸易后 A 国工人的薪酬曲线

由图 10-7 可以看出，A 国的就业波动点会右移。

同理，由于国际贸易的引入，B 国的总需求减少，因而市场供过于求，企业会减少对劳动力的需求。根据公式 $S_B' = f_B'(N)$，我们有 B 国工人的薪酬变化，如图 10-8 所示。

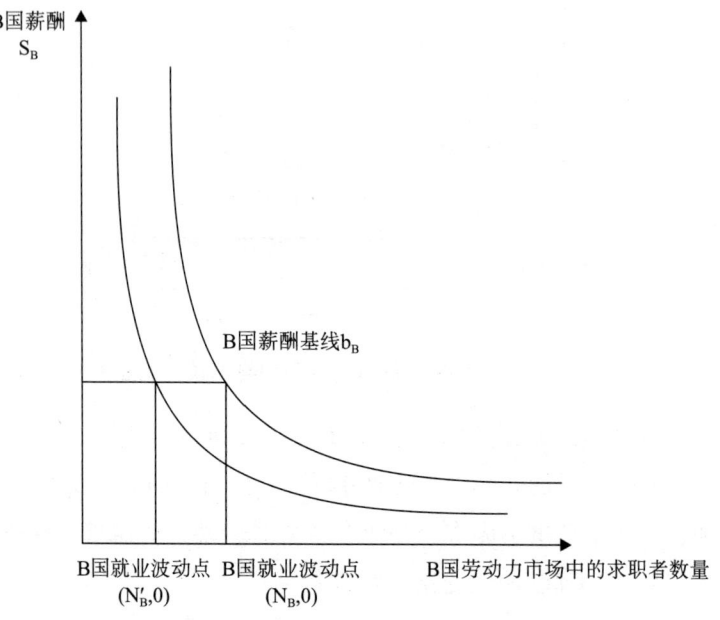

图 10-8　引入国际贸易后 B 国工人的薪酬曲线

由图 10-8 可以看出，B 国的就业波动点会左移。我们可以知道，A 国能够承载更多的就业，而 B 国将丧失更多的就业机会，而且因为薪水太低，很多人会放弃一些工作机会。

根据之前的雇佣公式，我们有：

$$N_{real} = TSW/S_{average} = r \times TS/S_{average}$$

在引入国际贸易之后，A 国的总薪水流量 TS_A 相对于之前将会变大，B 国的总薪水流量 TS_B 相对于之前将会变小，在各国 r 和平均薪水 $S_{average}$ 不变的情况下，A 国的总就业量将增加，B 国的总就业量将减少。

迫于经济的严峻形势和收入匮乏，在 B 国生活的人难以维持生计。这个时候 B 国的人开始考虑离开这个国家，他们被迫为了生计和更好的生活远走他乡，漂泊海外。他们想要去 A 国找工作，因为 A 国的企业能够提供更多的就业机会和

第十章　国际贸易理论

更高的薪酬以及更轻松的就业环境。但是 B 国国民在 A 国是一个外国人，因而要受到 A 国企业的严格筛选，只有 B 国国民足够优秀者，才能通过 A 国的严格筛选，才能够成功地在 A 国谋求到工作职位，才能在 A 国过上更体面的生活。那么对于在 A 国非法谋求到工作的 B 国国民（例如偷渡者）来说会怎样呢？由于 B 国穷而 A 国富，故一般而言 B 国国民的薪酬基线低于 A 国国民的薪酬基线，所以 B 国国民可以忍受 A 国本国国民不愿意做的既辛苦又低薪的工作。例如在某些发达国家，一些非法移民一般在餐馆打黑工，就是这样的情形。就这样，通过国际贸易，经济强国从经济弱国获得了源源不断的人才供给，不断地占领从 B 国销售商品的市场，获得了 B 国市场的总需求，以扩大本国的总需求。同时，A 国吸引了大量的 B 国极其优秀的人才，以维持其企业在市场上绝对的优势和垄断地位。此时，在 A 国国内，对 A 国国民和 B 国国民来说就业机会也是极其不公平的。普通的 A 国人，不用本人极其优秀，也可以很容易找到工作；而在 A 国的 B 国人，必须极其优秀，才能保住他们的工作机会。而且 B 国国民很难在 A 国企业里做到高层的位置，A 国企业里较好的机会都是留给 A 国国民。除此之外，由于 B 国贫穷而 A 国富有，A 国拥有足够的财富可以在 B 国寻找各种投资机会。如果 B 国拥有了某一项有突破性的创新和发明或者拥有了一个龙头企业，A 国也可以通过其富有的财力收购这项创新和发明或者收购企业，从而继续维持其在两国国际贸易市场上的绝对优势，以维持其高国民收入。就这样，A 国维持住其经济强国地位，而 B 国彻底成为 A 国的经济依附国。

这样，我们完成了两国模型两国国际贸易的讨论。接下来我们转向多国国际贸易模型。在历史上，存在过多个经济超级强国，诸如西班牙、葡萄牙以及英国，它们为何会有如此高的国民收入呢？它们是如何成为经济超级强国呢？

我们假设有多个国家，$0、1、2、3、4、5\cdots$，这些国家中有 1 个超级经济强国，其他国家都是普通收入国家。我们假设在这里 0 是超级经济强国，其余国家都是普通收入国家。我们假设初始未开展自由贸易，我们有各国的国民收入如下：

$$GDP_0 = P_0 + F_0 + C_0$$

$$GDP_1 = P_1 + F_1 + C_1$$

$$GDP_2 = P_2 + F_2 + C_2$$

自由市场经济发展和货币流动理论
——货币旋转理论的研究

$$GDP_3 = P_3 + F_3 + C_3$$
$$GDP_4 = P_4 + F_4 + C_4$$
$$\cdots\cdots$$

类似于我们的两国经济模型，我们假设：0国拥有强大的企业和一流的产品，任何与其自由竞争的国家其企业都将不堪一击。在没有贸易保护和关税保护的市场下，其余国家的企业都会在自由市场的竞争中溃败于0国的企业，因而其他国家的市场会充满0国企业生产的商品。

根据之前讨论过的两国贸易模型，我们假设0国与1国开展自由贸易，在0国和1国的商业来往中，我们有：

$$GDP_0' = P_0 + F_0' + C_0 = P_0 + F_0 + C_0 + \Delta P_1 + \Delta C_1$$
$$GDP_1' = P_1 - \Delta P_1 + C_1 - \Delta C_1 + F_1 = P_1 + F_1 + C_1 - \Delta P_1 - \Delta C_1$$

我们假设0国与2国开展自由贸易，在0国和2国的商业来往中，我们有：

$$GDP_0' = P_0 + F_0' + C_0 = P_0 + F_0 + C_0 + \Delta P_2 + \Delta C_2$$
$$GDP_2' = P_2 - \Delta P_2 + C_2 - \Delta C_2 + F_2 = P_2 + F_2 + C_2 - \Delta P_2 - \Delta C_2$$

我们假设0国与3国开展自由贸易，在0国和3国的商业来往中，我们有：

$$GDP_0' = P_0 + F_0' + C_0 = P_0 + F_0 + C_0 + \Delta P_3 + \Delta C_3$$
$$GDP_3' = P_3 - \Delta P_3 + C_3 - \Delta C_3 + F_3 = P_3 + F_3 + C_3 - \Delta P_3 - \Delta C_3$$

以此类推，第i个国家（若有N个国家，则i为1、2、3…N）的国民收入在与第0国进行自由贸易之后，为：

$$GDP_i' = P_i - \Delta P_i + C_i - \Delta C_i + F_i = P_i + F_i + C_i - \Delta P_i - \Delta C_i$$

最终，在与1、2、3……国开展国际贸易后，0国的国民收入会变为：

$$GDP_0' = P_0 + F_0' + C_0 = P_0 + F_0 + C_0 + \Delta P_1 + \Delta C_1 + \Delta P_2 + \Delta C_2 + \Delta P_3 + \Delta C_3 + \cdots + \Delta P_N + \Delta C_N$$

简化为：

$$GDP_0' = P_0 + F_0' + C_0 = P_0 + F_0 + C_0 + \sum_{i=1}^{N}(\Delta Pi + \Delta Ci)$$

就这样，在国际贸易的过程中，0国能通过国际贸易及其企业优势，源源不断地从其他国家获取财富并扩大其国民收入、就业机会和就业量。当N的数量足够大，甚至接近于正无穷∞，当$\sum_{i=1}^{N}(\Delta Pi + \Delta Ci)$足够大时，0国的国民收入会变得足够多，最终0国成为超级经济强国。因为0国巨大的财富和海量的就业机

第十章 国际贸易理论

会，O国成为所有其他国家的国民都梦想工作生活的国家（至少在财富上是如此）。在此过程中，O国的利润供给量曲线不断右移，O利润点不断右移，因而其企业越来越容易盈利，见图10-9。为了维持这种地位，O国会不断地去寻找新的市场。同时，因为其巨大的财力，O国可以吸引并设置严格标准来筛选全世界的人才。O国还可以斥资巨款收购外国的优质公司企业和产品专利，从而进一步维持其霸主的地位。

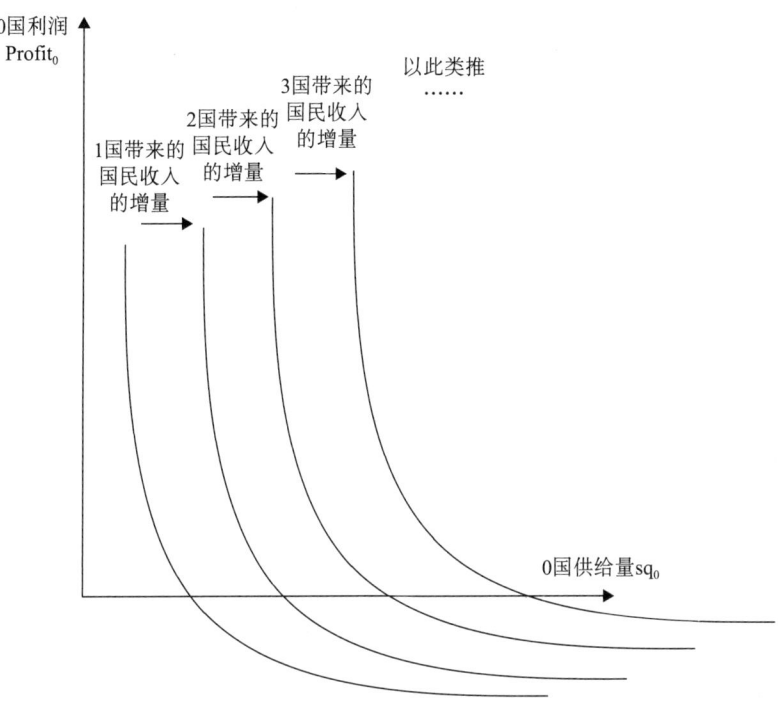

图10-9 国际贸易给O国利润供给量曲线带来的影响

根据以上可以得出，O国整个社会所能承受的就业量越来越大，就业机会越来越多，薪水越来越高，就业总量也越来越多。在这个过程中，O国平均薪酬所具有的购买力也不断增强（见图10-10、图10-11）。

由图10-11可以看出，对于同一就业量，O国的薪酬水平不断提高。

在两国经济贸易模型中，我们得出最终B国成为A国的经济依附国。在A国更高薪酬的诱惑下，B国源源不断地为A国企业提供其所需的人才和高端产品（A国可以凭借其财力以巨资收购B国高端产品），以及为A国的企业源源不断

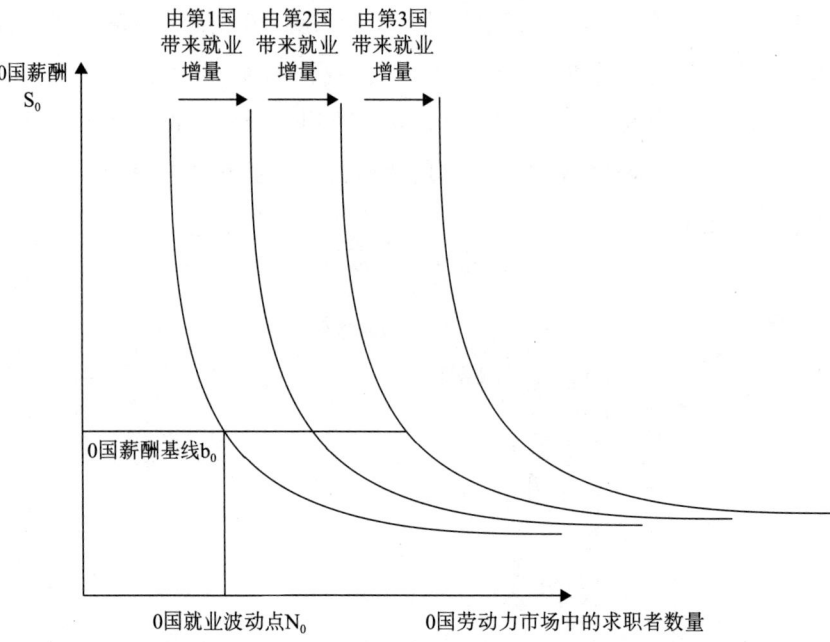

图 10-10　国际贸易给 0 国就业量带来的影响

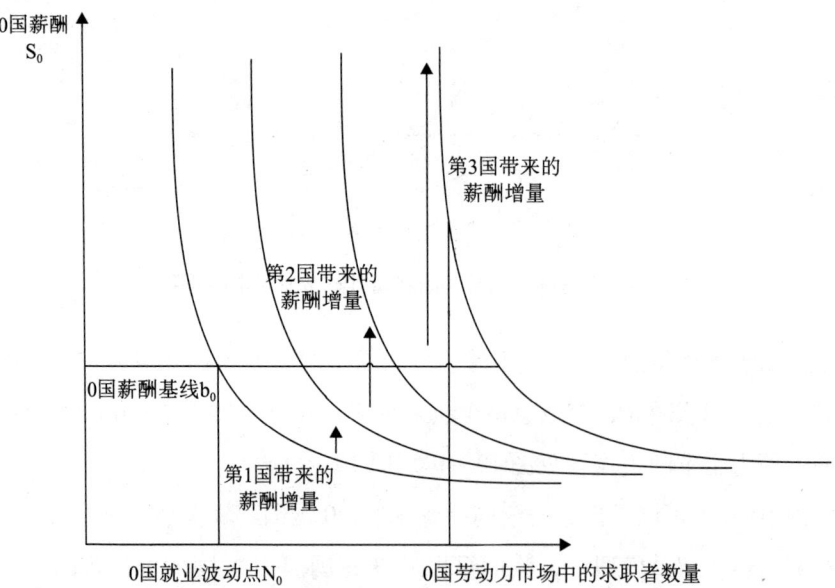

图 10-11　国际贸易给 0 国薪酬水平带来的影响

第十章　国际贸易理论

地提供购买 A 国商品的市场。

那么如何让 B 国摆脱经济依附国的地位呢？B 国可以通过实行征收关税来保护本国民族企业。当然，关税保护存在巨大的缺陷，一个国家征收高额关税一般会导致贸易国对等报复，贸易对象也会对本国外贸企业加征高额关税，使得本国商品变得难以出口。那么如何做才能使贸易保护措施更为合理友善呢？我们可以通过国家控股企业即国有企业来参与管理一个国家的关键核心产业，从而达到贸易保护，进而摆脱经济依附国地位的目的。

国家控股企业是一类特殊的企业，这类企业的股东是政府，或者说这类企业的拥有者不是私人（也有个别国有企业由政府和私人共同拥有），此类企业的目的不在于盈利，其亏损可以通过国家财政收入来弥补，因而企业的破产风险低于普通产业。很多国家都实行了国有企业参与经济的经济制度，比如德国。通过国有企业参与市场经济，一个国家可以规避私有化和市场的弊端。一国政府除了通过财政部和中央银行，也可以通过国有企业来参与调控一个国家的经济。一般的企业在某一行业发生亏损或者萧条之时，会趋利避害，退出这一行业。而国有企业不同，国有企业在这一行业发生衰退或者整个经济形势进入萧条之时，可以逆经济形势而上，采取与正常企业行为完全不同的操作手法和商业交易活动，以挽救经济形势。而且国有企业可以控制一个国家的诸如电力、粮食和能源等核心产业，以避开私人企业垄断核心产业的弊端。优秀的私人企业容易被外国资本打压并被低价收购，诸如法国的阿尔斯通。通过建立国有企业并使其参与市场经济，一个国家的经济可以在关键领域和核心不被外国资本所操控。

我们有一个国家的国民收入为：

$$GDP = P + F + C + G$$

在这里，P 为市场上普通消费者对本国商品和服务的需求，F 为外资对本国商品和服务的需求，C 为公司对本国商品和服务的需求，G 为政府支出，合起来即一个国家的总需求，或者说是总的国民收入。在这里，我们假设 C 本来为本国私人企业，后来变为私人和国家混合经营，此时 C 包含两种成分，第一种成分是私营成分，第二种成分是国营成分。我们可以用 CP（company of private）代表私人企业，CN（company of nation）代表国营企业，我们有：

$$C = CP + CN$$

则 GDP 为：

$$GDP = P + F + (CP + CN) + G$$

这样，如果国营企业控制了核心产业，或者说 CN 足够大，由于国企始终优先购买本国商品和服务，不考虑其质量或者价格因素，因而国际贸易导致的本国国民收入损失（$\Delta P + \Delta C$）就不会太大，GDP 就不会变得太低。

$$GDP = P + F + (CP + CN) + G - (\Delta P + \Delta C)$$

只要 CN 足够大，GDP 就不会变得太低。

对私人企业来说，如果某一产业是亏损的，私人企业会在追求自身利益最大化的情况下，把此产业以低价转手，这样外国资本就可以不费吹灰之力控股本国关键行业，甚至是掌控本国诸如能源、粮食等核心产业，从而控制一个国家国民经济的命脉。在 1997 年亚洲金融危机中，韩国就是如此。无数韩国的优质企业为了避免破产的命运，争相拿到外国的融资，其股份被外国资本以低价收购，关键产业被外国控股。而国营企业则不同，由于国营企业由国家控股，国家不以营利为目的，不会因为一个公司或一门生意是亏损的而把这一产业转手。国家可以通过财政补贴的方式来保护面临亏损的国家控股产业，甚至可以通过财政拨款以比外国资本收购价格更高的价格来收购关系到国计民生的私营产业，从而保护此类产业不会落入外国资本财团手中。在经济恢复到正常时，此类关系国计民生的但原本属于私营的行业可以被国家再以低价卖给本国私人资本和私有财团。可以预见的是，如果韩国采取与德国类似的政策，国家控股核心产业，那么韩国的核心企业就不会在 1997 年经济衰退时被外国资本以低廉成本控股。

通过国家控制关系国计民生的关键行业，从而保护一个国家的经济和国民收入。这种手段更为隐蔽，因而不会像关税那样受到贸易对象加征高关税的对等报复行为。

在当今世界，各国进行国际贸易的过程中，贸易保护对一个国家至关重要。20 世纪最伟大的经济学家凯恩斯就是贸易保护主义者。德国经济学大师李斯特认为，成功地建立一个国家的民族工业是一个国家走向富裕、成为经济强国的关键所在。不论是中国，还是韩国或者日本，贸易保护措施的实施和民族工业的成功建立在这东亚三国成为经济强国的过程中起了决定性作用。

专题
日本如何失去 10 年

从 1991~2001 年，日本经历了一段经济停滞和价格通缩的时期，这段时期被称为"日本失去的 10 年"。尽管日本经济在这段时期内增长过快，但其增长速度比起其他工业化国家要慢得多。在此期间，日本经济遭受了信贷紧缩和流动性陷阱的困局。在本文中，我们将定义和讨论这些术语的含义，并以"日本失落的 10 年"为例。

日本的经济在 20 世纪 80 年代令人羡慕。在 20 世纪 80 年代，日本经济的年平均增长率（按 GDP 衡量）为 3.89%，而美国为 3.07%（根据经济分析局的数据）。但是在 20 世纪 90 年代，日本经济陷入困境。1991~2003 年，以 GDP 衡量的日本经济每年仅增长 1.14%，远低于其他工业化国家的经济（根据 Charles Yuji Horioka 发表在 2006 年 6 月《日本与世界经济》上的文章《日本失去十年的原因》）。我们将在以下各节中探讨日本经济增长缓慢的原因，但值得一提的是，经济增长放慢始于 1989 年的经济泡沫破裂。

日本股票和房地产泡沫的破灭始于 1989 年秋。从 1989 年末到 1992 年 8 月，股票市场上股票价值暴跌了 60%，土地市值在整个 20 世纪 90 年代一直在跌，到 2001 年下降了令人难以置信的 70%。

自由市场经济发展和货币流动理论
——货币旋转理论的研究

> 人们普遍认为，日本中央银行（Bank of Japan）犯了一系列的错误，这些错误可能加剧并延长了股票和房地产泡沫破裂带来的负面影响。
>
> 例如，日本中央银行采取的货币政策是断断续续的；由于担心通货膨胀和资产价格下跌，日本中央银行在20世纪80年代后期踩下了货币供给的刹车板，这可能导致了股票泡沫的破裂。然后，随着股票价格下跌，日本央行继续提高利率，因为它仍然关注持续升值的房地产价格。
>
> 较高的利率结束了土地价格的飙升，但也让日本的经济进入了螺旋式的下降。1991年，随着股票和土地价格的下跌，日本中央银行改变了操作，开始降低利率。
>
> 但是为时已晚，流动性陷阱和信贷紧缩相继来临。[①]

本部分将作为专题，运用本章所提出的国际贸易理论以及相关的模型工具详细分析日本经济是如何陷入失落的10年，以避免中国步入同样的困境。

在一些主流的媒体报道和观点中，日本失落的10年被认为是两种可能的原因导致的，其一为日元的大幅升值，出口减少；其二为日本政府的货币政策。由于日本国内存在房地产泡沫，日本政府大幅度抬高了市场的利率以刺破泡沫，这造成了市场流动性的丧失。本专题将从日元大幅升值入手，提供日本失落的10年的一种可能的理论解释。

我们知道，在真实世界里日元发生了大幅升值，这相当于日本的出口国间接给日本本国商品加了一层关税，而且这个关税是全球性的，相当于所有的日本贸易国都给日本的商品设置了一层关税。也就是说，日本商品变得难以出口，即使出口到国外，由于价格升高，难以和外国本地商品竞争，因而日本企业的出口收入减少。根据之前的公式：

$$GDP = P + F + C + G$$

我们设日本的贸易对象包括一系列国家，A国、B国、C国、D国……

我们有在未加关税时，日本的国民收入为：

$$GDP = P + F + C + G$$

[①]《The Lost Decade: Lessons From Japan's Real Estate Crisis》，Barry Nielsen 撰写。

专题 日本如何失去10年

$$F = F_A + F_B + F_C + F_D \cdots\cdots$$

其中，F_A 是日本与 A 国国际贸易带来的国民收入，F_B 是日本与 B 国国际贸易带来的国民收入，F_C 是日本与 C 国国际贸易带来的国民收入，以此类推。

由于日元的升值，我们在之前提到过，这相当于所有的日本贸易对象国给日本本国的商品加了一层关税，相当于所有的贸易对象国都对日本的商品实施了反倾销的国际贸易政策。

所以，所有的日本贸易国带给日本本国的国民收入都会减少，即 F_A、F_B、F_C、F_D……都会减少。

我们设日本在日元升值后的国民收入为：

$$GDP = P + F' + C + G$$
$$F' = F_A' + F_B' + F_C' + F_D' \cdots\cdots$$
$$F_A' = F_A - \Delta F_A$$
$$F_B' = F_B - \Delta F_B$$
$$F_C' = F_C - \Delta F_C$$
$$\cdots\cdots$$
$$GDP = P + F + C + G - \Delta F_A - \Delta F_B - \Delta F_C - \cdots\cdots$$

注意，此处 P 和 C 也会由于凯恩斯乘数效应的作用或者本书前文所讲的负反馈的作用在某种程度上减少，这里为了分析的简便，假设 P 和 C 不变。

从上面的分析我们可以知道，日元升值会给日本的国民收入带来巨大的损失。根据凯恩斯的乘数效应，这会让日本本国的收入发生连锁反应式的坍塌，GDP 的减少量会数倍于国际贸易收入的减少量。根据本书的负反馈机制，日本的国民收入会持续减少。

若日元高幅度升值，其带来的国民收入变化如专题图 1-1 所示。

根据我们在前面的讨论，日元升值会带来国民收入的减少，整个国家的 0 利润点左移，日本的企业更容易亏损，能够盈利的企业减少，一部分企业会遭遇破产。更进一步来讲，就业量降低，整个市场的经济活力丧失。

下面我们将逐一分析以上内容。首先，请看专题图 1-2。

自由市场经济发展和货币流动理论
——货币旋转理论的研究

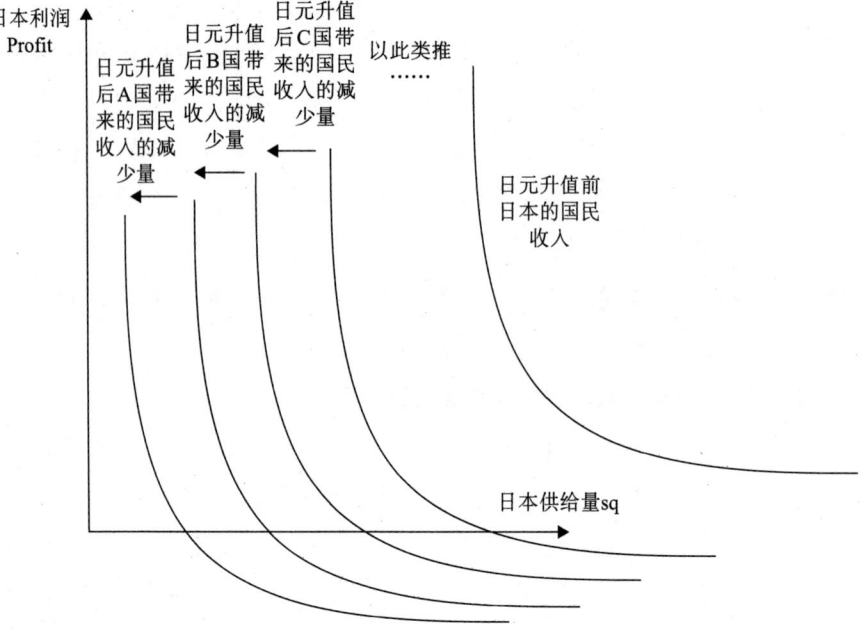

专题图1-1　日元升值带来的日本国民收入变化量

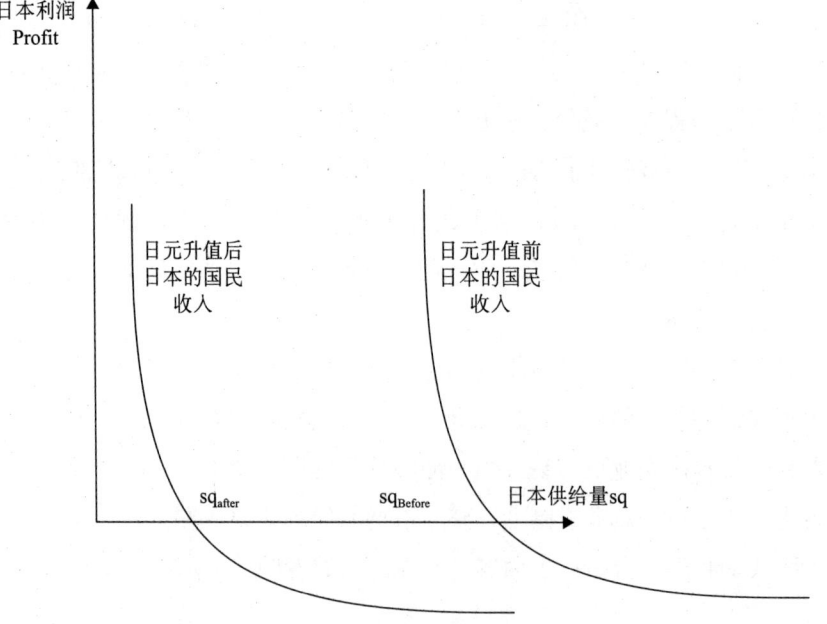

专题图1-2　日元升值前后日本企业0利润点变化

专题　日本如何失去10年

由于日元的升值，日本的0利润点由（sq_{before}，0）变成了（sq_{after}，0），根据第三章的讨论，超过0利润点的供给量会给生产者带来亏损，所以整个日本社会能够盈利的企业变少，更多的企业会亏损，甚至破产。

由于国民收入的减少，雇主对于劳工的需求也会减少，我们得出日本本国的雇佣情况变化如专题图1-3所示。

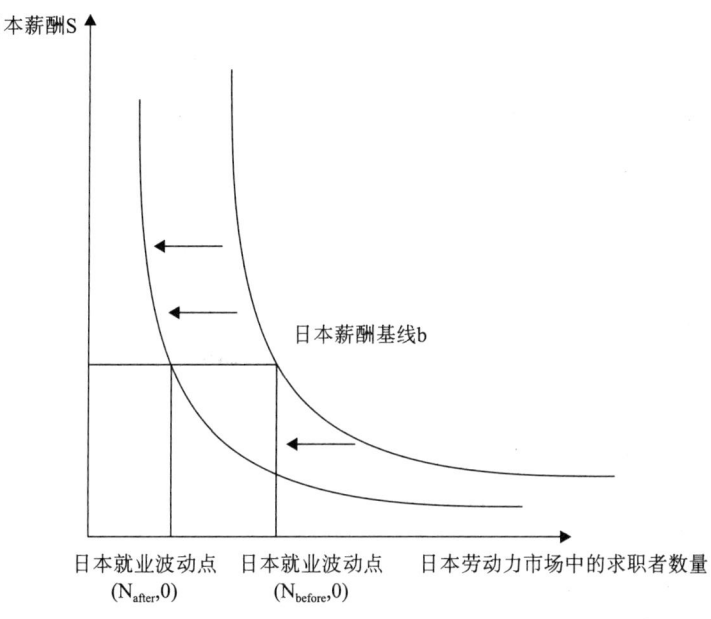

专题图1-3　日元升值前后日本就业市场变化

在相同的薪酬基线下，由于劳动力需求减少，整个社会的就业量会减少，能够承载的就业人数减少，更多的人面临着失业。

根据之前的公式：

$$GDP = P + F + C + G - \Delta F_A - \Delta F_B - \Delta F_C - \cdots\cdots$$

设：

$$\Delta GDP = \Delta F_A + \Delta F_B + \Delta F_C \cdots\cdots$$

$$GDP = P + F + C + G - \Delta GDP$$

则ΔGDP是由于日本本国货币升值带来的国民收入的减少量。我们有日本本国的币值升值越高，则ΔGDP越大，当ΔGDP大到一定的程度，日本的GDP会大幅度下降，日本进入经济萧条，即所谓的"失落的10年"。

第十一章
经济调控政策及案例分析

在当今世界，政府在市场经济中扮演了很重要的角色。政府经常采取各种措施和政策监管市场，去维护市场的稳定。但是政府如何实现这些？如何利用理论和原理去解释它们的政策？当今世界各国政府主要通过货币政策和财政政策来调控经济。货币政策和财政政策的具体定义和操作并不在本书的内容范畴内，因而简单地一笔带过，对此感兴趣的读者请自行参考相关宏观经济学书籍。

简单来说，凯恩斯主义认为政府的支出和税收是控制自由市场的两只踏板。另外的一套政策体系来自货币主义，货币主义认为货币的流速是稳定的。（然而这个想法并不可靠，货币流转速度不可能一直保持稳定。如果市场上每一个人都停止了消费，货币还会像过去那样保持稳定的流速吗？再比如新冠肺炎期间大家居家隔离，经济活动几乎停滞，货币流速如何保持稳定？）他们据此推理出货币的供给是调控一个国家经济的脚踏板。

就像我们在本书开篇所谈论的那样，人们对于金钱的需求以及人们对于商品和服务的需求是控制经济的两只踏板。如果政府的货币政策和财政政策起作用的话，首先是影响到 PA 和 PM，即我们在本书前面所讲的经济引擎理论。

财政政策

在我们开始新的内容之前，先让我简单地介绍一下财政政策和货币政策。财政政策就是政府通过调整货币支出和税率来影响一个国家的经济。政府想要让经

第十一章　经济调控政策及案例分析

济持续增长，主要通过两个工具，一个是税率，一个是政府的购买支出。根据凯恩斯理论，政府通过购买支出调控经济的思想最早来源于英国经济学家马尔萨斯，也是《人口论》的作者。

我们先讨论下税率。什么是税？税是政府的收入，主要有两种，即累进税和比例税。我们并不会将两种税区别对待，因为我们主要关注税收对于市场的影响，以及税收如何影响最终国民收入，而不是不同税制的区别。为了便于讨论，我在这里主要用比例所得税。假设税率是 s%，我们有政府在一个时间段 t 内可以得到的税收为：

$$\text{总税收 Total Tax} = GDP \times s\% = t \times w \times TC \times s\%$$

假设选取的时间段不变，t 是一个固定值，最终税收的多少取决于税率 s 以及一个国家市场上的总的真实交易量或者说整个自由市场的国民收入。所以如果政府想要增加税收，可以通过两种方式，第一种方式是增加税率，第二种方式是增加总的国民收入。如果 GDP 增加了，国民收入增加了，假设税率保持不变，那么政府无疑会得到更多的税收收入。如果政府设置了较高的税率，并且没有使用其他工具，比如政府购买支出或者增加货币供给，我们可以得知市场上的人所拥有的钱减少了，他们可以花的钱变少了，这可能会导致 w 减少或者 TC 减少，总的 GDP 可能变少。当 GDP 减少造成的影响大于税率增加带来的政府收入增加的影响时，尽管税率增加了，但政府得到的税收会减少。如果政府设置较少的税率，市场上的人持有更多的货币，他们可以花的钱变多了，w 和 TC 增加，总需求扩大，GDP 国民收入增加。当 GDP 增加带来的影响大于税率下降带来的影响时，最终总的税收收入增加。

那么，作为政府财政政策的另外一个工具，政府支出如何影响经济？

当政府花钱的时候，政府支出会直接增加市场上的交易量。进一步来讲，这个政策可能会改变市场上的货币分布，最终的 GDP 可能由于货币分布的改变而增加（见图 11-1）。除此之外，通过图 11-1 中的反馈机制可以看出，政府支出可以让市场上的人得到更多的钱，人们变得更加富有，可以维持之前的高消费速度。通过这个机制，最终 GDP 会增加。所以如果政府采取了增加政府购买支出的政策，同时并没有采用其他的政策，最终的 GDP 很有可能会增加。

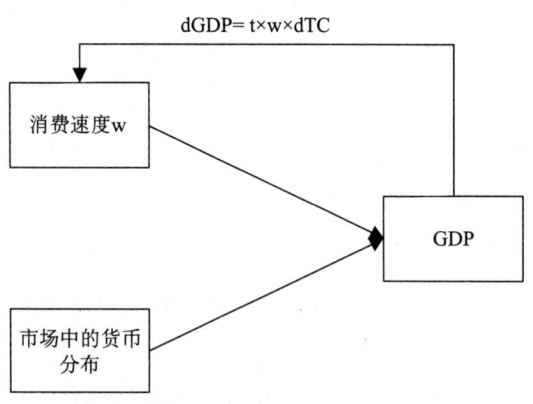

图 11-1　简化的反馈机制

有的时候政府设置了较高的税率,但是市场上依然可以维持高收入。这种情况是存在的,因为政府可以一直采用高支出的政策。政府的高支出会导致市场上的人更富有,国民收入提高,在保持税率不变的情况下能进一步地提高税收收入,也就是增加政府的收入,这个时候高国民收入、高税收收入和高税率就并存了。用公式表示如下:

$$总税收\ Total\ Tax = GDP \times s\%$$

首先税率 s 增加,然后政府购买支出增加,导致了 GDP 的增加,它们共同导致税收收入增加,这个时候高国民收入、高税收收入和高税率同时并存了。

我们来总结一下财政政策会起作用的原因:

当政府征税时,它会影响货币的分布,例如政府兴建公共工程,增加购买支出,可以直接增加 GDP,扩大市场的就业量。当政府直接通过财政政策花钱时,它可以直接增大 GDP。同时,当政府花钱的时候,货币分布也改变了,货币又流回了企业和个人的手中,市场上企业和个人持有的钱多了,市场上的企业和个人拥有更多的现金,他们可以很轻易地消费,总的消费量就被扩大了。

货币政策

我们继续讨论下一个话题,即货币政策的作用。

第十一章　经济调控政策及案例分析

在当代很多主流的宏观经济学教材或者货币金融学教材中，主流的货币政策①包括中央银行控制法定准备金率、中央银行在市场上买卖债券（公开市场业务）以及中央银行的再贴现率，这些政策工具都是用来调节市场上货币供应量的。欲了解详情，请参阅相关的教材。在我们的讨论中，我们只需要关注一点，货币政策调节的对象是市场上的货币供应量。

美联储是美国的中央银行，当政府通过中央银行增加市场上的货币供应时，市场上的人就会持有更多的货币，市场上货币的分布变得更加均匀（因为通常只有急需用钱的缺钱的人或者机构才会去借钱），进一步来讲市场上的人或者机构就可以继续消费，这会增加总的消费量，并进一步增加总的 GDP。我们已知 GDP = t×w×TC，当 TC 增加了，假设 w 没有减少太多，总的 GDP 会增加，而且根据图 11-2，后来的 GDP 会更容易增加。

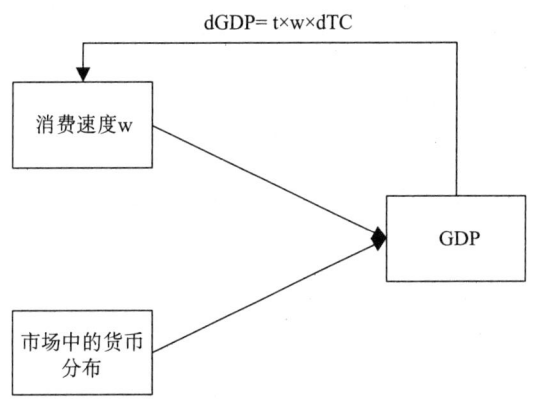

图 11-2　简化的反馈机制

货币政策中有一条是中央银行在市场上买卖债券（公开市场业务），这是美联储最常使用的货币政策，当中央银行采取了这种政策，市场上的货币供应就会增加。

当中央银行使用货币政策把更多的流动性注入市场，就会改变货币在市场上本来的分布，得到钱的公司和企业可以去进行消费，会有更多的钱从需求端流向供给端。从而经济进入了正反馈，经济体系的齿轮可以继续旋转下去。

---

① 关于具体政策，可以参考张延主编《中级宏观经济学》教材。

自由市场经济发展和货币流动理论
——货币旋转理论的研究

除了前面的货币供给的调节机制外，本书早已在利息理论中谈到了一条控制货币供给的机制。通过调节利息率，我们也可以控制市场上的货币供给。

当银行设置了较高的利息率时，市场上的人更倾向于把钱存进银行去赚取高额的利息，而缺钱的商人却不愿意向银行借钱，因为借钱的成本正在变高。利息率高企，银行体系就会吸收更多的存款，市场上流通的货币会变少。

如果银行设置了较低的利息率，那么市场上愿意把钱存到银行的人会减少，人们不愿意去赚取低的可怜的利息。更多的人倾向于从银行借钱，因为借钱的成本由于低利息率而变得很低。从而银行吸收的存款会减少，市场上流通的货币会增加。

总之没有绝对的情况，如果市场上的人既不借钱也不存钱，低利息率的政策就不会起作用。但是一般情况下这条政策是有用的，因为市场上总有缺钱的人，也总有钱多的花不完的人。

国家控股企业（国企）调控政策

国家控股企业（国企）调控政策是本书首先提出并建立了相关模型的一套全新的调控政策，是本书在政府调控政策方面所进行的创新。国企调控政策不同于传统的货币政策和财政政策。传统的货币政策和财政政策主张国家和政府通过财政部和中央银行实行财政政策和货币政策来调控国家经济，以扩大一国的国民收入。而这套新的调控政策着眼于国家和政府通过其控股的企业来参与国家经济的调控，以扩大国民收入，抵御经济衰退和外国资本的竞争（实行贸易保护）。

国家控股企业又称国营企业，是一类由国家掌控其股份的企业，这类企业的大股东一般是政府或者政府下属单位，政府通过入股企业参与到企业的日常经营管理中去，或者说这类企业不受私人的控制，不是属于某个私有财团（部分的国营企业采取分别持股的政策，部分股份持有者是私人，部分股份持有者则是国家单位），因而此类企业不同于私人企业，私人企业主要以营利为目的，追求财富和利润的最大化，国营企业也会追求营利，但是更多的时候也会根据国家的需要进行调整，一般来说，国营企业对于利润和财富的追求和动力远不及私人企业。这类企业一般比私营企业更稳定，一方面是因为其控制的领域的重要性，该领域一般具有稳定的收入来源，如通信和能源，或者具有垄断性质，如电力和烟草，

第十一章　经济调控政策及案例分析

另一方面是政府可以通过财政拨款给予补贴,因而其破产的风险远低于很多私营企业。

当代社会部分国家都不同程度的实行了企业的国有化,比如德国。在完全意义的自由市场经济中,企业和市场存在很多弊端,这些弊端往往是自由市场自身无法自动调节无法克服的。而国有企业恰恰可以弥补这种弊端。除了传统的凯恩斯主义所强调的通过财政政策和货币政策,即通过财政部和中央银行来进行市场的管理外,一个国家的政府也可以通过其入股的企业来管理一个国家的经济体系。

普通的私营企业在市场活动的参与过程中,会面临着萧条与亏损的风险。根据利益最大化的原则,在面临盈利时,该企业会全身心的投入到该行业的生产中,让该行业显得兴兴向荣。但当该行业发生亏损或萧条之时,则会减少该行业产品的生产,甚至退出该行业,让该行业陷入萧条。

而国有企业则会采取完全不同的手段,若该行业不是理应被市场淘汰的旧产业,国有企业完全可以挽救其于危难之中,在该行业甚至整个经济陷入萧条之际,逆经济形势而上,既可以作为供给方加大该产业的产能又可以作为需求方大幅度扩大对该产业商品的订单。

国有企业一般主要控制一个国家国民经济最核心的产业,这些是关乎于国家安全的重要产业。如果让私人控制该产业,这类产业很容易被外国资本打压并被收购。在阿尔斯通并购案中,法国的企业阿尔斯通遭到外国打压,进而被低价收购。但是如果该产业是法国政府所控股的,阿尔斯通就会面临完全不同的命运。这样一个国家就会有更大的经济自主权。

那么国营企业如何参与到市场经济的经营管理呢?我们来进一步建立数理模型来分析讨论一个国家如何通过国营企业参与到市场的经营管理中。

在我们上一章国际贸易理论的讨论中,我们有一个国家的国民收入由以下公式确立:

$$GDP = P + F + (CP + CN) + G$$

这里的 CP 为私营企业对本国商品和服务的支出,对本国的需求;CN 为国营企业对本国的消费支出,对本国商品和服务的需求。不同于财政政策,财政政策的主要政策工具是政府购买支出 G,此处国营企业的政策工具主要是国企支出 CN。

当经济形势低迷甚至陷入萧条之时,可以通过政府增加购买支出来扩大总需求。在此处即 G 增加,最后的 GDP 国民收入增加。即,如果 G 扩大,其他不变,则:

$$GDP = P + F + (CP + CN) + G$$

结论:GDP 扩大。

类似地,如果想要降低国民收入,可以通过政府减少购买支出来减少总需求,在此处即 G 减少,最后的 GDP 国民收入减少。即,如果 G 减少,其他不变,则:

$$GDP = P + F + (CP + CN) + G$$

结论:GDP 减少。

同理,如果想要增加国民收入,可以通过国有企业增加企业开支来扩大总需求,在此处即 CN 增加,最后的 GDP 国民收入增加。即,如果 CN 扩大,其他不变,则:

$$GDP = P + F + (CP + CN) + G$$

结论:GDP 扩大。

同理,如果想要降低国民收入,可以通过国有企业减少企业开支来减少总需求,在此处即 CN 减少,最后的 GDP 国民收入减少。即,如果 CN 减少,其他不变,则:

$$GDP = P + F + (CP + CN) + G$$

结论:GDP 减少。

因此,当经济低迷时,除了政府采取财政政策增加政府开支、减税,还可以通过国有企业增大企业开支来扩大总需求。国家可以同时采用两种经济政策,例如扩大政府支出,并同时增加国有企业采购量和各种开支。如果 CN 扩大,G 扩大,其他不变,则:

$$GDP = P + F + (CP + CN) + G$$

结论:GDP 加倍扩大。这样会加强财政政策的效果。

同理,如果 CN 减少,G 减少,其他不变,则:

$$GDP = P + F + (CP + CN) + G$$

第十一章 经济调控政策及案例分析

结论：GDP 加倍减少。

需要指出的是，国有企业的调控应该和政府的财政决策分由不同的决策部门执行，就类似于财政政策和货币政策分由不同的部门决策一样，这样可以保持各个部门的独立性。因为国有企业虽然是国家控股，但是究其根本还是企业，企业需要参与商品买卖的交易活动，只有在经济形势发生重大变化（例如，严重的经济衰退、金融危机甚至是经济危机）时，才需要国有企业参与经济调控。

我们可以把国有企业参与调控的政策措施整理为表 11-1，在不提及变量的变化情况时，我们默认变量会保持不变。此处 CN 为国有企业开支，CP 为私人企业开支。

表 11-1　　　　　　　国家控股企业调控措施及其影响

CN 扩大	GDP = P + F + (CP + CN) + G	GDP 扩大
CN 减少	GDP = P + F + (CP + CN) + G	GDP 减少
CN 扩大，G 扩大	GDP = P + F + (CP + CN) + G	GDP 加倍扩大
CN 减少，G 减少	GDP = P + F + (CP + CN) + G	GDP 加倍减少

那么，这里让 CN 扩大或者减少的方式是什么呢？举例来说，可以是国有企业增大对私营企业的订单，诸如增加外包工程；增加兴建公共工程，如重新修盖企业办公楼（类似于政府兴建公共工程）。

当然国家控股企业只应该控制关系国计民生的关键行业，因为国家控股企业最大的缺陷在于缺乏竞争，在于垄断。垄断意味着缺乏创新，也意味着财富分配的不均匀，缺乏流动性。私营企业在市场上往往面临着激烈的竞争，这就意味着创新性以及活力远远高于国家控股企业。没有私营企业，我们国家很难诞生抖音和大疆这样可以走出国门的优秀企业。

同样，如第十章所讲，国有企业调控可以用于一国的贸易保护调控。德国经济学家李斯特主张在面对外国企业的竞争时，本国需要进行贸易保护以扶植本国关键行业。传统的贸易保护主要是通过对外国产业和商品加征高额关税，甚至实行反倾销法来保护本国相关产业。在引入国有企业调控后，我们得知贸易保护可以通过国家控股企业参与市场调控来实行。

那么，国有企业如何参与到贸易保护中来呢？在企业采购方面，私营企业在进行生产原料采购甚至内部项目外包时，会优先采购低价优质商品和服务，以实

自由市场经济发展和货币流动理论
——货币旋转理论的研究

现利益最大化。如果外国工业历史悠久，技术成熟，商品质量往往会优于本国，生产成本更为低廉，这时私营企业通常会采购外国生产的商品，这会导致本国的国民收入减少。而国有企业则不同，国有企业不以营利为目的，在进行原料采购或者内部项目外包时，国有企业会优先采购本国企业生产的商品和服务，通过这种方式可以对本国某些新型工业进行扶持，以助其发展壮大后能够正常地参与到与外国企业的竞争中。

国营企业也有其弊端，其弊端主要在于对于利润和财富的追求动力不足，或者说，并不会具有强大的动力去生产能够打败别国企业的商品和服务，因而在市场经济中，国营企业的定位主要在于防御，也就是说，国企的主要任务在于保证关系国计民生和国家安全的关键产业不会落入外国资本财团的手中。在真实的世界中，通过国家控股关键产业以及政府机构入股管理一些关乎国家安全的公司企业，德国避免了该国企业落入外国资本财团之手，从而在经济上保证了该国的独立地位。由于国营企业缺乏资本对利润本能的追求，因此，国营企业有的时候并不适合去发展海外市场，在进行国际贸易时，国营企业更容易带来贸易逆差，从而减少本国国民收入。让私营企业去开拓海外市场更容易带来贸易的顺差，私营企业对海外市场进行开拓能够更容易的增加本国国民收入。私营企业具有巨大的追求利润和高额收入的内在动力，敢于冒巨大风险去发掘海外潜在的商机。而国营企业则不同，国营企业如果在海外投资面临巨额亏损，其负责人要担负一定的责任，承受相应的惩罚，因而在面对海外能带来高额利润的巨大商机时，往往会决策过慢，犹豫不前，甚至错失良机。所以国企的主要职责在于经济上的防御，保证国家最核心的产业不会落入外国资本财团手中，同时可以对私营企业进行扶持，对市场进行调控。而在开拓海外市场时，要放开私营企业，把这样的机会多留给私营企业。

除此之外还有一个行业必须由国家控股，这个行业就是医疗。医生的天职应该是救死扶伤，如果在救治人的过程中还要考虑到经济成本，救一个人要花多少钱？如果这个被救的人很穷，全力以赴救治并不能够收回本金，事后被救的人无法偿还医疗费用。很多私营医院并不会全力以赴救治此类贫穷的病人，生命在面对金钱时竟会更加脆弱，这是不合理的。所以医院和医疗行业应该以国家控股、国营为主。有的人问道，国家控股难道不会带来医疗行业的低效率吗？一些发达

第十一章　经济调控政策及案例分析

国家实行了全民医疗，患者平均要排队三个月以上才能做一个简单的小手术。由于医疗资源的完全平均主义，医疗资源变得低效。本书中所提及的医疗行业国有控股并不是指完全的平均主义，而是说医疗机构在面对一些轻症患者的时候，应该采用正常的市场经济思维，医疗机构正常收费，这些小病并不会让人倾家荡产，收费也会避免医疗资源被滥用，提高医生的积极性。而当遇到一些会让人破产的重大疾病的时候，国家应该实行免费医疗。

综上所述，我们可以知道国家控股企业可以调控一个国家经济和国民收入。国营企业调控政策相比财政政策和货币政策的优势在于，国营企业可以深入一个具体的行业中进行调控。比如国家控股的电力公司可以直接调控这个国家的电力行业的产出，国营企业本身是市场经营的直接参与者，能够体会市场上一般私营企业的难处，因而国营企业调控政策比货币政策和财政政策能够更直接更快速更准确，从而解决市场面临的难题，直接影响一个国家的经济和国民收入。而货币政策要通过影响一个国家的总的货币供给，财政政策要通过影响市场的参与者，进而才能够调控市场经济。国家控股企业本身是市场的直接参与者，因而这种调控是直接的。

国家控股企业在参与经济活动的时候，也面临一些竞争，这些竞争可以来自私营企业或者其他的国家控股企业。在面对竞争时，国营企业应该做的是公平竞争。因为这些都是本国的企业，并不是面对外国的竞争者。本国企业互相之间的竞争能够让本国的企业成长，从而提高其抵御经济衰退以及参与国际竞争的能力。

实际案例分析与应用

在应用之前的理论分析政府财政政策和货币政策的作用之后，我们将开始本章的主要内容，即运用本书前几章的理论来解释一些现实社会中的现象和一些真实的经济案例。在那之前，让我们再回顾一下本书的主题。

PA（需求端"看不见的手"，即人们对于商品和服务的需求和欲望）和 PM（供给端"看不见的手"，即个体对于金钱的需求和欲望）就像拉动经济的两个引擎，所有其他的因素都是通过影响这两个引擎来影响经济体系。PA 决定了货币从个体到企业的流速和流量，PM 决定了货币从企业到个体的流速和流量。两者一起决定了市场上的货币旋转速度或者一个社会的富裕程度。在这两个引擎的作用下，经济的齿轮开始旋转。经济的齿轮转得越快，一个社会越富有；如果经济的齿轮停止转动，经济危机就会发生。

在继续讨论之前，我们需要扩展我们的基础模型。我们首先建立部分分析现实世界的模型，当完成了这些模型的建立之后，我们的讨论会容易很多。我们首先从货币支出这一角度来讨论货币的流动（如图11-3）。

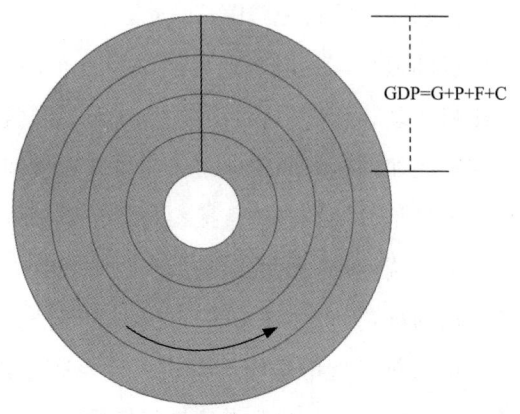

图11-3 整个系统内的货币循环

还记得我们之前的公式吗？国民收入 $GDP = P + F + C + G$。考虑到总需求有四个组成部分（政府财政支出、个体的花费、公司企业的花费、外国人或企业的花费），我们可以用图11-4来呈现。在这里我们仅仅是从消费发起方的角度来考虑的，如果从消费流向的终点来分析，国民收入就应该被划分为投资和消费两部分。

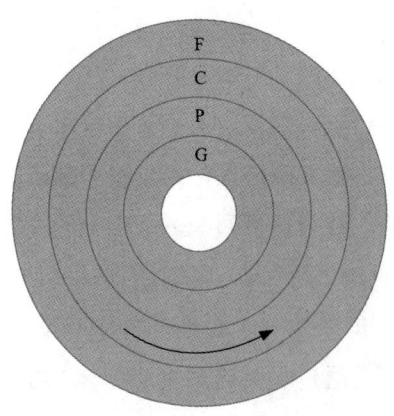

图11-4 货币循环流动的四部分

第十一章　经济调控政策及案例分析

我们主要关注货币支出。我们将货币的流动与水管中水的流动作比较，水在管道中的流动如图11-5所示。

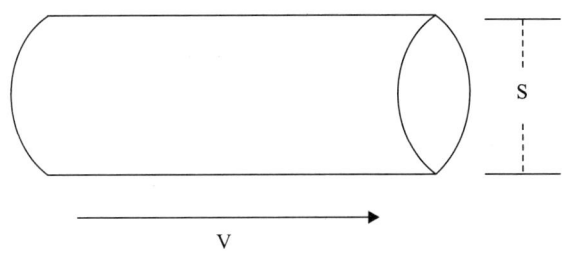

图11-5　水流在水管中的流量分析

单位时间内水的流量取决于两个因素：第一个是水流的横截面积S，另外一个因素是水流速度V。

类似地，总的货币流量依赖于两个变量：第一个变量是单位时间内（假设这里单位时间极其小）货币流动的横截面积，另外一个变量是货币流动速度V。我们在这里假设，GDP是任何单位时间内总的交易量。G、P、C和F分别是这个市场中单位时间内政府的支出、普通消费者的支出、公司的支出和外资的支出（见图11-6）。

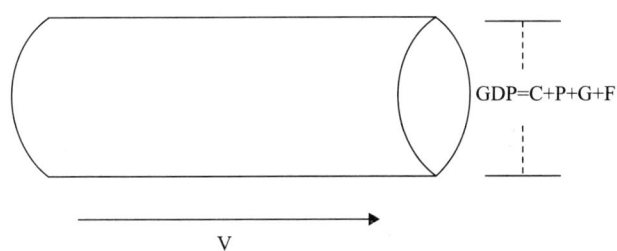

图11-6　货币在经济体系内的流量分析

在这里我要添加货币流动速度这个变量。我们设市场上货币流通的平均速度是V，我们有真实的总的货币流量为：

总货币流量 $TMF(\text{Total money flow}) = (P + C + G + F) \times V \times t$

$$= (G \times V_g + C \times V_c + P \times V_p + F \times V_f) \times t$$

再来回顾一下我们在雇佣理论一章中所提到的雇佣公式：

$$N_{real} = TSW/S_{average} = r \times TS/S_{average}$$

TMF 在这里就近似于 TS 总薪水流量,如果时间 t 在这里是单位时间,那么总的货币流量 TMF 就是 TS。显而易见,如果 TMF 足够大,就会有更多的收入去提供更多的工作机会,市场上就会出现更少的失业。

经济危机的发生与较小的 P 和 C 是关联的。当 P 和 C 较小时,总需求不足。通过凯恩斯的刺激政策,政府尽力增加 G,进而扩大了 TMF[TMF =(P + C + G + F)×V]。总的需求扩大了,进而总的国民收入就增加了。

在这里我们已经完成了分析模型的扩展,可以开始运用我们的理论和工具来解决一些实际市场中的问题。

接下来让我们重新看一下之前讨论过的货币政策和财政政策。不同于我们之前的讨论,在这里我们要利用刚才建立的模型。

1. 财政政策是如何起作用的?

财政政策是指政府通过调整财政支出和税率来影响一个国家的经济。当政府以较高的税率征税时,它会影响货币在 P、G 和 C 之间的分布;当政府兴建公共工程时,政府可以直接向市场上提供较多的工作职位,并且提高 GDP。当政府增加财政支出时,通过公式 TMF(GDP) =(P + C + G + F)×V 可以得出,由于 G 变大了,GDP 会增加。除此之外,当政府花钱的时候,货币分布也被改变了,货币从政府流回了企业和普通消费者手中。所以,C 和 P 也会增加,最终的 GDP 也会增加(见图 11 -7)。

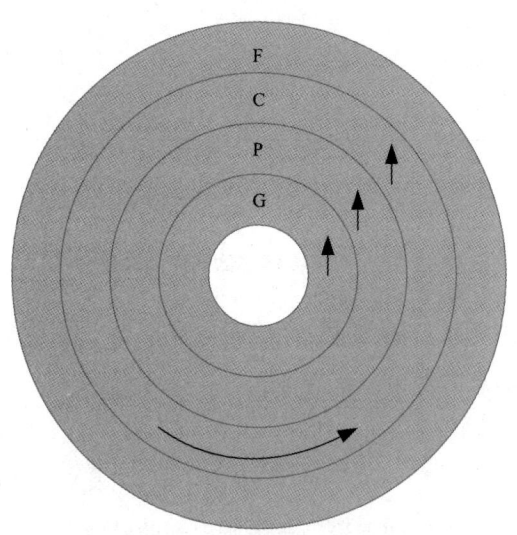

图 11 -7 财政政策的作用机制

第十一章 经济调控政策及案例分析

2. 货币政策是如何起作用的?

我们再用前文建立的工具来重新分析货币政策。我们主要以第三种货币政策为例,即中央银行在市场上买卖债券(公开市场业务)这种被经常使用的货币政策。

当中央银行购买了政府债券,中央银行向市场上注入了钱,这会改变市场上原始的货币分布,市场上的普通消费者 P 和企业 C 获得了更多的钱并且可以支配这些钱。如果其他变量不变,最终的货币流量 TMF 将扩大,GDP 会增加(见图 11-8)。

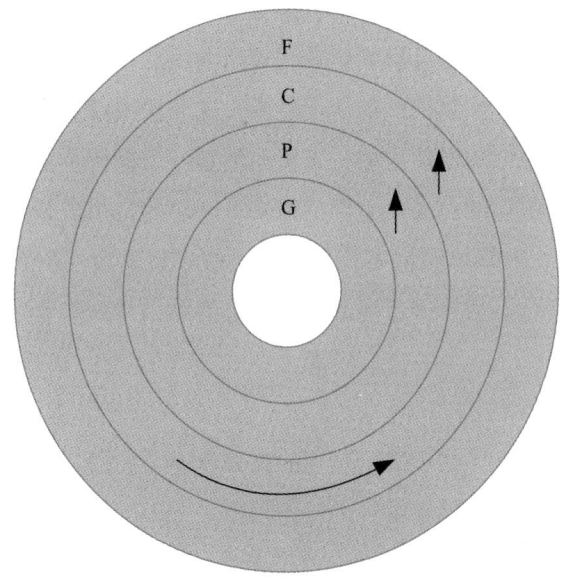

图 11-8 货币政策的作用机制

3. 为什么会有菲利普斯曲线?

菲利普斯曲线是由经济学家菲利普斯提出的一种描述通货膨胀率和失业率关系的曲线。其主要观点是通货膨胀率和失业率之间呈反向关系,通货膨胀率高则失业率低,反之亦然。

如果我们假设通货膨胀率低即为市场发生了通货紧缩,通货膨胀率高即为市场上发生了轻微的通货膨胀,所以菲利普斯曲线实际上揭示了这样一个现象,即轻微的通货膨胀会导致较高的雇佣率(即较低的失业率)。

我们假设市场上出现了轻微的通货膨胀,人们的消费习惯不改变,他们会以跟以往相同的消费速度在市场上购买几乎相同数量的商品。所以这个时候会有更多的货币从需求方流向供给方，因为商品的价格已经变高，而被交易的商品数量几乎未变。因为增加的货币量会从需求方流向供给方，同时，人们的平均工资几乎没有改变，在这里根据前文的公式：

$$N_{real} = TSW/ S_{average} = r \times TS/ S_{average}$$

此时，TS 扩大了，$S_{average}$ 未变，假设 r 不变，我们可以得出市场上会有更多的就业。

TS 是单位时间内的总的薪水流量，是一个用流量来描述的变量。当 TS 扩大，$S_{average}$ 未变，N_{real} 也将变大。这也就是轻微的通货膨胀率会导致工作数量增长的原因。因为有很多因素都会影响到菲利普斯曲线的正确性，比如，如果人们不保持过去的消费习惯，如果他们的消费减少，这条曲线就不会起作用。

同理，如果有轻微的通货紧缩，人们的消费习惯保持不变，假设他们在市场上购买与以前相同数量的商品。由于价格降低，总的货币流量也会变小，这会导致总薪水 TS 变小，最终总的工人薪水变少。假设在这段时间平均工资未变，工资受合同制约其变化一般慢于市场的变化，最终结果是通货紧缩导致更少的工作职位。

4. 为什么会发生滞涨？

滞涨是 20 世纪 70 年代于美国出现的高失业率与高通货膨胀率共存的经济现象，是菲利普斯曲线并不能够解释的经济现象。

为什么滞涨会发生？为什么高失业率与严重的通货膨胀会并存？我们知道，政府有时会通过央行大量发行货币来拉动 GDP 增长。政府这样做的时候一般会引发一定的通货膨胀，物价高企，进而会抑制需求，从而降低企业和个人的消费速度。

根据公式：

$$TMF = (P + C + G + F) \times V = G \times V_g + C \times V_c + P \times V_p + F \times V_f$$

此时，尽管 P 和 C 扩大了（假设其他的变量保持不变），因为通货膨胀，V_c 和 V_p 被抑制而变小了，或者可以说人们的消费速度和公司的消费速度变得很慢。如果 V_c 和 V_p 变得足够小，最终从需求端流向供给端的货币流量或者说是市场上总的货币流动量将会比以前少。

根据之前的公式：

第十一章 经济调控政策及案例分析

$$N_{real} = TSW/ S_{average} = r \times TS/ S_{average}$$

总的薪水 TS 变小了，分配给工人的总薪水流量 TSW 也会变小。如果平均薪水水平 $S_{average}$ 在这段时间内不变，r 不变，则市场上就会出现更多的失业。这是滞涨发生的原因，也是高失业率和严重的通货膨胀同时发生的原因。

总结来说，为什么滞涨会发生？或者为什么通货膨胀和失业同时发生了呢？

因为政府使用了干预政策导致市场上货币量增加，通货膨胀就发生了。因为通货膨胀，商品的价格变得高，削弱了人们的消费能力，所以总的消费量降低，公司的收入降低，经济陷入了负反馈，最终会带来更多的失业。此时，严重的通货膨胀和高失业率同时发生了。

5. 为什么凯恩斯的经济政策促进了经济的复苏？

凯恩斯经济学是英国经济学家凯恩斯在其名著《就业、利息与货币通论》中提出的一套经济理论和其相关的经济政策主张。凯恩斯认为一国经济容易陷入萧条，其原因在于有效需求不足；在一国经济萧条时，通过政府投资去弥补私人投资不足，通过政府财政支出去弥补总需求不足，从而能够挽救一国经济。

在凯恩斯的理论中，政府通过财政支出投资并且兴建公共工程，在这个过程中，雇佣率提高，总薪水量增加；同时因为政府创造了需求，总的需求量增加。所以 RTS 和 RTC 都增加了，经济的循环被带回了正常的轨道上。凯恩斯的经济政策之所以起作用是因为他使用了"看得见的手"去恢复"看不见的手"PA 和 PM，RTC 和 RTS。

6. 为什么日本和中国有持续 20 年甚至持续 30 年的经济增长？

因为这两个国家的经济进入了正反馈，在持续的经济增长期内，这两个国家越来越富有，可以购买更好的机器设备，进一步扩大了生产力，进而可以保持较高的市场需求，这样正反馈就可以一直持续下去。另外一个原因在于，这两个国家的产业得到了多元化发展，这会让它们的收入来源也多样化，因而能够维持经济稳定地增长。对一些仅仅依靠出售资源来获得经济收入的国家来说，比如一些石油出口大国，它们的收入来源是不稳定的，其经济是易受冲击波动较大的。

7. 为什么平均主义不能致富？

平均主义会让人失去赚钱的兴趣，所以 PM 和生产力受损。因为 PM 受损，市场上的供给也会受损。人们失去工作的动力，这对经济是十分有害的。

8. 为什么要有社会福利？

在现代社会，生产力已经达到非常高的水平。但是生产力并不是一直都处于生产状态。当需求小于供给时，需求作为较小值限制了 GDP 的扩大，一部分生产力并未得到充分利用。通过实行社会救济和福利，我们扩大了总消费量或者说是总需求（社会福利会使得更多的人花钱）。RTC 的扩大会促进经济增长。或者可以说，因为市场上有更多的人可以去花钱，总需求扩大了。

9. 为什么要反垄断？

在非垄断市场，因为存在竞争，不同的公司都试图去改进商品和服务来占领市场。所以在非垄断的市场，社会会一直处于进步的状态。而在垄断市场中，商品和服务创新的动力不足。或者换句话说，竞争能够带来创新和创造。

10. 为什么我们要反对假货？

如果一个市场上有很多的假货，人们因为不想买到假货而选择不花钱，所以 RTC 会降低，消费速度会被抑制，货币旋转的速度会变慢。尽管看起来好像假货在初始阶段会销售得很快，但是时间久了，人们会对市场上的商品失去信任，从而会降低他们的消费速度和减少消费量，进而会损害一个国家的经济体系。

11. 为什么我们要对富人征税？

中产阶级和穷人通常会把赚到手的几乎所有的钱都花掉，但是富人并不会把手上拥有的所有钱都花掉。所以我们应该对富人征税然后让这部分钱流入市场中。因为当我们征税的时候，实际上改变了货币的分布让穷人或者需要钱的人得到了钱。进一步来讲，如果他们将这部分钱用于消费，GDP 就会增加。根据之前的公式：

$$N_{real} = TSW / S_{average} = r \times TS / S_{average}$$

因为 TS 扩大了，就业就会增多。

换言之，因为富人有很多的钱，他们并不能花完其所持有的钱，但是穷人的需求一般是被抑制的，因为他们没有足够的钱去消费。通过对富人征税并且把征税所得转移给穷人，我们可以增加一个国家的 GDP，因为总需求扩大了。当市场中有更多的货币在流动，有更大的货币流动量，就会有更多的就业。

12. 为什么委内瑞拉的经济陷入了危机？

第十一章　经济调控政策及案例分析

> 路透社看到的央行初步数据显示，2016 年委内瑞拉的消费价格上涨了 800%，而经济萎缩了 18.6%，这是 13 年来最大的经济萎缩，也是有记录以来最差的通货膨胀率。
>
> 石油价格的持续暴跌已经使得作为欧佩克（OPEC）成员国的委内瑞拉曾经因石油而繁荣的经济极大地衰退，生活必需品尤其食物的普遍短缺导致人们不能够吃饱饭，不得不在食物发放站排队数小时以获得食物填饱肚子。
>
> 尼古拉斯·马杜罗（Nicolas Maduro）总统领导的政府将局势归咎于在美国的帮助下，政治对手对其发动的"经济战争"。随着经济问题的加剧，中央银行已停止发布季度和月度经济指标。
>
> 根据一份数字文件摘录，委内瑞拉的石油部门在 2016 年萎缩了 12.7%，非石油部门萎缩了 19.5%。
>
> 据第一手了解情况的消息人士称，这些数字可能会在央行董事会批准的过程中被更改。
>
> 中央银行去年表示，2015 年委内瑞拉经济收缩了 5.7%，而通货膨胀率达到了 180.9%。
>
> 马杜罗总统指责与反对派有关的企业人为制造经济问题。他说，通货膨胀是不道德的资本家投机炒作的结果，并坚持认为由于 2016 年最低工资上涨了 454%，工人的状况更好。他在本周的新闻发布会上说："1 年来，我们让最低工资提高了 5 倍，今天我说（工资增长）远高于 2016 年的通货膨胀率。"他没有提供通货膨胀率数据。
>
> 委内瑞拉的货币管制使企业无法获得美元，这意味着商人努力囤积货物，工厂因缺乏原材料或机械零件而闲置。委内瑞拉人去年开始进入邻国巴西和哥伦比亚购买杂货。①

因为委内瑞拉的经济主要依赖于石油，当石油能源被其他的能源比如页岩气所取代时，或者油价崩溃时，"看不见的手"PM 被摧毁了，这个时候货币没有

---

① 《Venezuela 2016 inflation hits 800 percent, GDP shrinks 19 percent: document》，2017 年 1 月 20 日，Corina Pons 撰写。

办法从企业流到个人的手中,总的薪水流量低于 p_0,进而货币流动循环被中断,这个国家陷入了经济危机。为了避免这种经济危机发生,一个国家必须有多种不同的产业,这样当一些产业被摧毁了,还有别的方式可以让货币从企业流入个人手中。

13. 埃及经济如何陷入了困境?

> 埃及经济近几年来一直保持健康增长,即使这种增长的成果并没有惠及每一个人,却忽然进入了螺旋式下降。2011 年的埃及政变使得旅游业和商业活动大受打击,人们预测埃及今年的 GDP 将仅增长 1%。经济增长放缓加剧了埃及的失业困境,而失业困境是 2 月革命的主要原因之一。
>
> 尽管经济增速放缓,但通货膨胀率仍在上升,这两者的组合导致了令人恐惧的滞涨。资本外逃和其他因素使埃及货币汇率跌至多年来的最低水平,并使得市场上商品价格大幅上涨。尽管埃及中央银行为捍卫埃及镑的价值作出了不懈的努力,这反过来又使埃及的外汇储备低得惊人。
>
> 价格上涨和失业率上升,再加上经济放缓,只会加剧埃及本已严重的贫困和随之而来人们对社会的不满情绪,这将在脆弱的政治时刻加剧社会动荡。
>
> 埃及临时政府为了恢复经济秩序作出了巨大努力,但是政策并没有起作用。临时政府为避免加重社会动荡,一直采取宽松的财政和货币政策,导致预算赤字,而利率保持不变。这些做法进一步加剧了通货膨胀,并在国内债务市场上排除了私营部门的借款,从而加剧了埃及的经济困难。鉴于临时政府让人失望的表现,盖洛普(Gallup)最近的一项民意调查显示,埃及公民对大选的主要关注点在于经济,而不在于政治或意识形态。[①]

在 2008 年之后,美国发生的经济危机波及埃及,导致了埃及的通货膨胀。人们手中的储蓄失去了价值,并且商品的价格高企。人们消费的欲望被抑制了,RTC 减少,导致了企业的利润减少。为了生存,企业只能裁员,进而导致总薪水减少,经济进入了负反馈。由于政治的动荡,旅游业和商业又进一步受损,国民收入进一步减少,经济进一步萧条。

---

① 《Egypt's growing economic crisis》,2011 年 12 月 20 日,Michael Singh 撰写。

第十二章
终　　章

　　当翻到这一页，说明你几乎读完了我的整套学说。你也许理解了书中的大部分学说，如果有一些不太明白的地方，还可以翻回去继续阅读，我相信你一定会有所收获。

　　因为这是本书的最后一章，我会避免讨论一些理论问题，想必我们这一章就随便聊聊。

　　笔者本人在学校期间所学的是计算机，很多人好奇我为什么能够了解很多经济理论并且创立这样一套新学说。大概是出于对金钱的喜爱吧，不同的人因为喜欢钱而选择不同的路，而我则走上了货币研究这条路。在大学期间，我主修计算机，时间充裕加上对金钱和财富有非比寻常的兴趣就自行研究了很多经济学说。经济学是社会科学，社会科学有其独特性。在我大学研读各种经济学著作期间，我发现很多现存的经济理论存在很多的缺陷，于是开始着手构建一套新理论。许多年过去了，在这期间我又掌握了大数据的相关分析方法，开始使用大数据的思维去分析经济科学。最终我成功地建立了本书所提出的这套学说。

　　笔者在两个不同的国家生活，体验过两种不同的文化。我相信，这两种不同国家的生活经历以及两种不同的文化体验，在某种程度上加速了这些理论和想法的产生，我逐渐构建出这套理论。于是，我决定把它记录下来，写成一本书，想要让它流传于世。最终的成品就是你正在阅读的这本书。

　　构建一套新理论肯定需要学习传统的经济理论。在读一些经济理论著作的时

自由市场经济发展和货币流动理论
——货币旋转理论的研究

候,我开始逐渐熟悉这些历史上曾经存在的大经济学家。我发现他们都有独特的人格魅力,都有自己的个性。不论他们是富有或贫穷,不论他们是在哪里出生,不论他们是否拥有权力,他们都凭着好奇心探索这个复杂的经济世界。他们穷尽了自己的智慧设计出来一套套的经济理论,来帮助别人更好地理解这个世界,给人类社会带来了新的思想。这个世界的奥秘是无穷的并且是足够复杂的,但是这并不会让他们胆怯、畏惧。凯恩斯,大概是其中最杰出的一位了。这一位杰出的英国思想家,他的思想对我学说的形成起了很大的作用,他的作品给我带来了数不尽的灵感。我吸收了凯恩斯通论中不少好的想法,并触发了新的想法出现。凯恩斯的作品整理、吸收了很多传统经济著作中的观点,凭借自己的智慧洞悉其本质,并把它们设计成了通论中的经济理论。毋庸置疑,他是一个真正的经济学大师,他的思想闪耀着智慧的火花。

我不由得再次想到凯恩斯那脍炙人口的名言:

"经济学家和政治哲学家的思想,不论它们是在对的时候还是在错的时候,其力量之大,往往出乎常人意料。的确,世界就是由这些思想统治着。许多实行家自以为不受任何理论的影响,其实他们往往当了某个已故的经济学家的俘虏。狂人当权,自以为得天启示,实际上他们狂乱的想法也多半是来自若干年前某个学界拙劣学者的作品。……但是,不论早晚,不论好坏,危险的东西不是既得权益,而是思想。"①

经济思想家最终会离开这个世界,但是他们的思想和理论不会,即使在他们死后,他们的思想和理论也会继续延续下去。在人类历史的银河上,这些人闪烁着耀眼的星光。

---

① 《就业、利息和货币通论》,约翰·梅纳德·凯恩斯著。